Kirschen essen

Susanne Niemeyer

Kirschen essen

Liebesgeschichten aus der Bibel

Mit Illustrationen von Ariane Camus

edition chrismon

Ich erzähle tausend Geschichten.
Jeden Tag kommen neue dazu.
Eine ist deine.

DIE LIEBE

INHALT

Morgenluft. Eva und die Schlange

Ich komme ans Tor. Der Engel und die Schlange warten auf mich. Ich steuere auf den Engel zu, aber er sagt, bedauere, er sei nur der Türsteher. Ich bedauere das wirklich, denn seine Stärke flößt mir Zuversicht ein. Ich nehme an, er trainiert mehrmals die Woche. Seinen Oberarmen nach zu urteilen. Ich mag breite Schultern.

„Das ist Biologie", sagt er.

Nenn es, wie du willst, denke ich.

Das Tor steht offen. Ich könnte einfach hindurchgehen. Dahinter liegt das Land, von dem ich so oft geträumt habe. „Niemand hindert dich", sagt der Engel und schält einen Apfel. Er bietet mir ein Viertel an. Dankend lehne ich ab. Ich sehe zur Schlange hinüber.

Ihr Blick ist durchdringend. Sie scheint alle Zeit der Welt zu haben. Vielleicht ist sie Leute wie mich gewöhnt. Zögernde.

Gehen oder bleiben?

„Das musst du wissen", sagt die Schlange. Der Satz ärgert mich, weil er stimmt. Sie scheint schlau zu sein. Ich überlege, was sie wohl täte.

„Um mich geht es hier nicht", sagt sie.

Ich weiß. Es geht um mich und um das, was ich will. Aber ich habe Angst, das Falsche zu tun. Ich drücke mich auf der Schwelle herum und suche nach Zeichen. Ein Gänseblümchenorakel. Kopf oder Zahl tut es auch. Wenn jetzt ein Kuckuck ruft. Wenn die Erdbeere süß ist. Wenn er anruft.

„Vergiss doch das Wenn", schlägt die Schlange vor. „Willst du dich wirklich von einer Gänseblume abhängig machen?"

Ich will mich nicht entscheiden.

„Das musst du lernen", sagt sie, „wenn du nicht ewig ein Kind bleiben willst."

„Werde ich jemand verletzen?"

„Das wird nicht ausbleiben."

„Werde ich glücklich sein?"

„Auch."

„Muss ich mutig sein?"

„Sowieso."

„Bekomme ich eine Garantie?“
„Nein.“
Das ahnte ich. Es gibt nie eine Garantie. So gesehen ist das die einzige Garantie. Sie nennt es Freiheit. Ob ich wirklich tun kann, was ich will, frage ich.
„Ja“, sagt die Schlange. „Wenn du es liebend tust.“ Ich wende ein, dass das jetzt doch ein Wenn ist. „Es ist das einzige Wenn“, sagt sie.
Ich rieche Morgenluft. Die Sehnsucht ist riesig.
„Wo ist Gott?“, frage ich.
„Unterwegs“, sagt die Schlange.
„Draußen oder drinnen?“
„Den Unterschied kennt er nicht.“ Es überrascht mich, dass sie so vertraut sind. Ich nahm an, er sei mehr auf Abstand bedacht.
Die Schlange schüttelt den Kopf. „Wir wohnen Tür an Tür, von Anfang an. Manchmal spielen wir abends Schach. Er ist ein schlechter Verlierer, was übrigens kein Geheimnis ist. Er will alles gut machen. Das ist seine Schwäche. Allerdings eine verzeihbare.“ Sie lächelt. Wenn sie lächelt, sieht sie richtig freundlich aus. „Er ist ein anregendes Gegenüber“, fährt sie fort. „Immer wenn du denkst, jetzt kennst du ihn, überrascht er dich. Selbst nach einer Million Jahren. Gestern trug er ein giftgrünes Kleid. Ich wette, du würdest ihn oft gar nicht erkennen.“
Das beruhigt mich nicht gerade.
„Ich weiß“, seufzt sie. „Ihr wollt immer beruhigt werden. Das ist so ein Menschending. Daran müsst ihr wirklich arbeiten.“ Sie schnalzt mit der Zunge. Der Engel wirft

das Apfelgerippe über den Zaun. „Also?“, fragt sie. „Es wird Zeit. Raus oder rein? Rein oder raus?“

Die Meisen fliegen hin und her. Sie scheinen routinierte Pendler zu sein. Mein Herz gibt mir einen Schubs.

„Du wirst dich häuten“, sagt die Schlange zum Abschied. „Immer wieder. Und jedes Mal wirst du dich wundern, wie eng das alte Kleid war. Du wirst wachsen, wenn du dich nicht verschließt.“

Ihre Worte klingen wie ein Segen.

NACH 1. MOSE 3

Liebe und tu, was du willst. Schweigst du, so schweige aus Liebe. Redest du, so rede aus Liebe. Kritisierst du, so kritisiere aus Liebe. Verzeihst du, so verzeih in Liebe. Lass all dein Handeln in der Liebe wurzeln, denn aus dieser Wurzel erwächst nur Gutes.

AUGUSTIN, (4. Jahrhundert)

Blaubeeren pflücken. Ruth und Naomi

Sie hat fünf Paar Schuhe, ein himmelblaues Sofa, an dem sie aus Sentimentalität hängt, und ein geerbtes Stück Land, auf dem das Haus ihrer Mutter stand. Das ist längst verkauft, nur die Hütte im Garten, die hat sie behalten. Auch aus Sentimentalität. Vielleicht war es auch Klugheit, manchmal ist das schwer zu unterscheiden.

Ruth findet sie umwerfend. Naomi ist wie ein Fels in der Brandung, ein glatter, marmorner Fels. Am liebsten mag sie ihren Hals. Er ist lang und stark und die Haut ist fest.

Auch jetzt noch, obwohl sie deutlich über vierzig ist und das die Zeit ist, in der Frauen angeblich zu welken beginnen. An ihr ist nichts welk. Sie ist schön. Ruths Blick ruht auf ihr, als sie aus dem Garten ins Haus tritt.

„Ich werde gehen", sagt Naomi. Ihre Füße auf dem Holzboden sind nackt und feucht. Sie muss durchs Gras gelaufen sein.

„Wohin willst du gehen?", fragt Ruth. Sie fragt es ganz ruhig, obwohl ihr Herz zu rasen beginnt.

„Zurück. Ich werde zurückgehen und von da aus wieder losgehen."

Ruth kennt die Hütte aus ihren Erzählungen. Sie stellt sie sich wie ein Versteck in einem verwunschenen Garten vor. Mit Himmelbett und einem Ohrensessel vor dem Holzofen, auf dem ein Kessel steht. Die Küche ist im selben Raum, auf einem Regal stehen verschiedene Kerzen und Tassen und Gläser, aus denen man Kaffee oder Wein trinken kann. Ein großes Fenster lässt das Licht herein, an manchen Stellen blättert der Lack, aber das macht es nur romantischer. Naomi hatte gelacht, als sie ihr von ihren Bildern erzählte: „Ich war lang nicht mehr dort, aber so ähnlich kannst du es dir vorstellen. Du würdest es lieben!" Und sie weiß, dass das stimmt, denn Naomi liebt es.

„Ich komme mit", sagt Ruth und Naomi lacht wieder. „Du bist verrückt, meine Schöne", sagt sie. „Such dir lieber einen neuen Mann. Du bist jung, du hast das Leben noch vor dir. Der Tod ist ein Spielverderber. Er hat dir deinen Mann genommen, daran kannst du nichts ändern. Aber du kannst ein neues Spiel beginnen!"

„Das könntest du auch", erwidert Ruth. Naomi antwortet nicht, sie lächelt nur dieses wissende, etwas nachsichtige Lächeln, das Ruth rasend macht. Vor Wut oder was anderem, sie weiß es nicht genau. „Tu nicht so, als ob du alt wärst", sagt sie.

„Na gut. Ich bin vielleicht nicht alt. Für dich nicht und für mich nicht. Aber für die Männer bin ich es. Und selbst wenn ich mit einem schliefe – was nützte es dir? Du wirst ja wohl kaum auf einen weiteren Sohn von mir warten wollen?" Es klingt spöttisch. Naomi ist manchmal spöttisch, das verletzt sie. Aber dann streicht Naomi über ihre Wange. „Schau", sagt sie. „Ich will, dass du glücklich bist. Man wird nicht glücklich mit seiner alten Schwiegermutter."

„Hör auf", ruft Ruth. „Ich hasse es, wenn du so bist!" Sie holt tief Luft. Dann sagt sie noch einmal leise, aber bestimmt: „Ich komme mit."

„Sei nicht dumm."

„Ich bin nicht dumm. Wo auch immer du hingehst, da gehe ich hin, und wo auch immer du schläfst, da schlafe auch ich. Dein Zuhause ist mein Zuhause und – bei Gott – wo du stirbst, da sterbe auch ich. Nur der Tod wird dich und mich trennen!"

Da schweigt Naomi und sie packen ihre Koffer in den alten Golf, den Rest lassen sie zurück.

Die Hütte ist stickig. Die letzten Tage sind heiß gewesen, das Korn steht hoch. Der Efeu hat die Rückseite der Hütte eingenommen und ein paar Dachschindeln fehlen. Aber das Wasser läuft gurgelnd aus dem Hahn und ein Rest eingetrockneter Nescafé klebt im Glas. Sie machen Wasser heiß und gießen den Kaffee auf, er schmeckt fürchterlich und sie trinken ihn kichernd. „Ich kaufe uns ein bisschen was ein", sagt Naomi und Ruth bezieht das Bett. Es hat keinen Himmel, aber wenn man drin liegt, kann man den Wald sehen und sonst nichts. Naomi bringt einen Fisch mit. Sie nimmt ihn aus und füllt ihn mit Zitrone und Rauke, die hinter der Hütte wächst. Sie braten den Fisch und essen ihn direkt aus der Pfanne und lecken den Saft von den Fingern.

So vergehen sieben oder acht Tage, Ruth zählt nicht mit. Sie ist glücklich. Naomi ist auch glücklich, aber sie merkt, dass die Leute tuscheln: „Ist das nicht Naomi? Und ist die andere nicht ihre Schwiegertochter?", fragen sie und wundern sich über so manches.

Der August kommt, die Ernte ist in vollem Gang. Morgens beim Kaffee stellt Naomi fest: „Wir brauchen Geld. Ich habe nichts mehr. Auf den Heidelbeerfeldern werden immer Leute gesucht." „Gut", sagt Ruth und steht auf. „Ich werde sehen, was sich machen lässt."

In den nächsten Tagen färben sich Ruths Hände lila und ihr Rücken schmerzt. Sie ist langsamer als die anderen, aber das macht nichts. Abends trinken sie Blaubeerbuttermilch. Eines Mittags kommt ein Mann auf sie zu. Sie weiß, dass er der Bauer ist. Er tritt anders auf, als die Pflücker. Selbstverständlicher. Entschiedener. Wie einer, der es gewohnt ist, Dinge zu entscheiden. „Du gehörst zu

Naomi?“, fragt er und wartet ihre Antwort gar nicht erst ab. „Zeit fürs Mittagessen. Komm mit, es gibt Eintopf.“ Sie hat Hunger und setzt sich an seinen Tisch. Er trägt ein blaues Poloshirt, unter dem sich ein Bauchansatz abzeichnet. Der Jüngste ist er nicht mehr, aber sie merkt, dass er auf sein Äußeres achtet und darauf, dass sie sich nicht unwohl fühlt.

Abends erzählt sie Naomi von ihm. „Sieh an“, sagt sie, „der Boas.“

Die Tage ähneln sich. Morgens pflückt Ruth Beeren, mittags isst sie mit Boas. Er ist aufmerksam und nett. Wenn sie von ihrem früheren Leben in der Stadt erzählt, versteht er vieles nicht, versucht aber dennoch, interessiert zu sein.

Dann kommt das Erntefest. Ruth hat noch nie an einem Erntefest teilgenommen. Sie findet, es klingt wie ein einziges Saufgelage. „Ist es auch“, sagt Naomi. „und darum hör zu, was du tun wirst.“ Sie hat einen genauen Plan zurechtgelegt. „Während der Feier hältst du dich an Boas. Trink mit, aber nicht zu viel. Am Ende schlafen einige auf dem Heuboden, das hat Tradition. Boas wird dabei sein. Merk dir, wo er sich hinlegt. Wenn er schläft, legst du dich zu ihm. Den Rest kannst du ihm überlassen.“

Ruth starrt Naomi an, als sei sie verrückt. „Warum sollte ich?“

Naomi sieht sie lange mit einem sonderbaren Blick an, in dem alles liegt. Dann sagt sie: „Glaub mir, es ist besser so“, und es klingt traurig.

„Warum können wir denn nicht einfach so weiterleben?“

„Willst du dein Leben lang Blaubeeren pflücken? Der Winter wird nass und kalt. Wir werden die zwei wunderlichen Frauen im Wald sein. Es wird schon jetzt geredet."

„Na und? Ich finde eine andere Arbeit!"

„Hier auf dem Land?"

„Wir könnten wieder in die Stadt gehen."

Naomi schüttelt den Kopf. „Nein. Ich will hier wohnen." Und leise fügt sie hinzu: „Mit dir."

Ruth denkt drei Tage nach. Dann badet sie und geht zum Fest.

Der Winter kommt. Im Frühling streuen die Kirschbäume ihre weißen Blüten über die Wiesen und Ruth heiratet Boas. Sie wird schwanger, bringt einen Jungen zur Welt und legt ihn Naomi in den Schoß. Sie nennen ihn Obed und lieben ihn sehr. Boas baut ein Haus neben die Hütte, aber tagsüber bleiben die Frauen lieber in der Hütte und kümmern sich um den Garten, der wächst und groß wird und Früchte bringt. Ruth klettert in die Bäume und pflückt Äpfel und Pflaumen. Naomi spielt mit Obed im Gras. Die Frauen im Dorf lieben den Kleinen und Ruth lieben sie auch. „Du hast Glück mit Ruth", sagen sie zu Naomi. „Sie ist besser für dich als sieben Söhne."

Als Ruth stirbt und Naomi stirbt, fasst Obed jedes einzelne Ding an, das sie berührt haben. Die Tassen mit den abgebrochenen Henkeln. Die Harke. Jedes Glas und jedes der geblümten Kissen. Den glatten Griff der Pfanne, die halbvolle Streichholzschachtel. Das leinengebundene

Buch, das auf Ruths Nachttisch liegt. Er schlägt es auf und liest ihre gleichmäßigen Buchstaben. Es ist der letzte Eintrag:

Vergiss die Romantik. Wenn es hart auf hart kommt, zählen keine Kerzen. Wir brauchen keine Geigen. Wir nehmen unser Leben in die Hand. Als alles verloren war, sind wir über Grenzen gegangen, haben über doofe Witze gelacht, Pläne geschmiedet, Männer taxiert, Kleider anprobiert, von der Hand in den Mund gelebt. Du hast mir Mut gemacht und die Haare schön. Und am Ende, ganz am Ende sind wir Heldinnen gewesen.

Er klappt das Buch zu und weint ein bisschen. Aber eigentlich ist er glücklich, solche Mütter gehabt zu haben.

NACH RUTH

Besser ist es zu zweit als allein:
Wenn zwei fallen, richten sie einander auf.
Wenn zwei beieinander liegen,
wird ihnen warm.
Wie wärmt man sich allein?
Wenn jemand einzeln überwältigt wird,
können zwei standhalten,
und ein dreifacher Faden
reißt nicht so schnell.

AUS PREDIGER 4

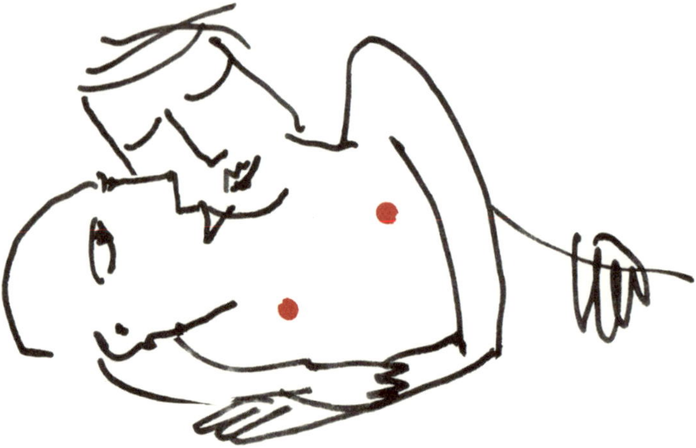

Hungrig. Batseba und David

Sie hat noch nie einen so schönen Mann gesehen. Erstens wegen seiner Hände. Sie würde wetten, dass diese Hände schon ein Beil gehalten und ein Tier getötet haben. Andererseits spielen sie Gitarre. Sie hat ihn beobachtet, wie seine Finger über die Saiten wandern. Sie kennen sich aus. Sowas mag sie. Stärke allein findet sie ermüdend. Zu viel Sanftmut allerdings auch. Zweitens ist da sein Nacken. Er ist glatt und braun wie bei einem, der viel draußen ist. Ein Krieger oder ein Hirtenjunge. Drittens seine Augen. Sie sind wach und hungrig.

Sie ist auch hungrig. Gegen Abend, wenn die schläfrige Nachmittagsträgheit sich in Wohlbefinden verwandelt, kommt er auf seine Dachterrasse und lässt den Blick schweifen. Immer ist er allein. Er macht nicht den Eindruck, als würde ihn das stören. Die meisten Männer halten es nicht aus, allein zu sein. Sie brauchen Unterhaltung. Eine Frau oder ein Spielzeug oder eine Herausforderung. Bei der Herausforderung stockt sie. Kann sein, dass er die auch sucht.

Sie denkt an Uria und seufzt. Du kannst es dir so lange schönreden, wie du willst, geht es ihr durch den Kopf, es ändert nichts. Als sie Uria heiratete, gefiel ihr sein Ehrgeiz. Sie hatte ihn mit Leidenschaft verwechselt. Das stellte sich als Irrtum heraus. Er erledigt seine Pflicht. Das ist seine Leidenschaft. Pflicht und Phantasie verstehen einander nicht. Sie sehnt sich nach Phantasie, auch um der Langeweile zu entkommen. Denn auf einmal scheint alles so vorherbestimmt. Als hätte sich ihr Leben mit der Hochzeit auf Autopilot gestellt. Sie fragt sich, wie das gehen soll: sich ein für alle Mal für ein Leben zu entscheiden, für einen Menschen, für eine Adresse, unter der man sie verlässlich findet. Ihren Freundinnen scheint genau das zu gefallen. Lass es doch auf dich zukommen, sagen sie und verdrehen die Augen, weil sie so kompliziert ist. Aber wenn man alles auf sich zukommen lässt, hat man selber schuld, wenn man unglücklich ist.

Wirklich unglücklich ist sie nicht. Aber hungrig. Auf die andere Seite, die Uria ihr nicht geben wird. Und ist es nicht auch ein bisschen viel verlangt, von einem einzigen Menschen alles zu erwarten? Je länger sie darüber nachdenkt, desto weniger hält sie davon. Wenn man von einem alles will, dann darf man nicht viel wollen. Aber sie will viel: Sie will nächtelang reden und denken und elektrisiert sein. Sie will Sex, weil das gut dazu passt. Sie will lachen, das ist ein wichtiger Punkt, aber auch heikel. Zusammen lachen kann man nur, wenn keiner von beiden der Bestimmer ist. Sie will spielen. Darin zeigt sich viel. Du musst gewinnen können und verlieren. Du musst etwas wollen, das aber mit Leichtigkeit. Wollen ist auch wichtig. Herauszufinden, was du willst und nicht was du denkst, was du wollen solltest.

Sie will ihn. Den Krieger und den Hirtenjungen. Ob ganz und gar, weiß sie nicht. Das wird sich herausstellen. Der Kessel pfeift. Sie gießt das Wasser auf die Minzblätter und sieht zu, wie es sich grün färbt. Sie nimmt das Glas und geht hinaus. Im ersten Moment blendet sie die Sonne. Dann begegnet sich ihr Blick. Diesmal ist sie sicher: Er schaut direkt zu ihr hinüber. Seine Augen sind honigfarben. Sie leckt sich die Lippen. Mal sehen, denkt sie und knöpft ihr Hemd auf.

Und Uria?, fragt ihr Gewissen. Den will ich auch. Aber anders. Jetzt im Spätsommer ist ihre Haut kupfern. Wegen der Sommersprossen. Ihrer Mutter waren die nie geheuer. „Flecken des Teufels“, sagte sie. Sie hatte gelacht und „ich mag sie, Mama“ gesagt und ihre Mutter auf die Nase geküsst.

Sie spürt seinen Blick. Sie braucht nicht hinüberzusehen, um zu wissen, dass er sie immer noch beobachtet. Dann

dreht sie sich doch um. Mit geschlossenen Augen sieht sie ihn an.
Seine Nachricht ist kurz. „Komm“, liest sie und lächelt.
Er steht in der Tür. Als sie hereingeht, tritt er zur Seite. Dann schließt er die Tür. Keiner von ihnen spricht. Das ist gut, denkt sie. Sag jetzt nichts. Sag nicht, schön, dass du da bist. Biete mir keinen Wein an. Und er sagt nichts. Sie sieht zu seinen Händen. Er versteht. Er fasst ihren Kopf und sie fasst seinen. Der Kuss schmeckt nach Erde, nach Salz, nach Honig, und sie ist glücklich über den Geschmack. Ihre Hand gleitet über seine Haut. Sein Rücken ist fest und glatt, der Rücken eines Kriegers und eines blankgeschliffenen Kieselsteins in einem Gebirgsbach. Als sie miteinander schlafen, haben sie die Augen offen, sie sieht den Jungen, der an diesem Bach saß. Diesen Augenblick will sie sich merken. Hinterher liegen sie beieinander, ohne auf etwas Bestimmtes zu warten. Dann zieht sie sich langsam wieder an und denkt, dass sie ihn mag.
Als sie geht, weiß sie noch nicht: dass es ihren Mann umbringen wird und dass auch das Kind, das jetzt in ihr zu wachsen beginnt, sterben wird. Dass er sie trösten wird und dass sie wieder miteinander schlafen werden, wieder und wieder.
Der Mond scheint auf den Mosaikboden. Manche Steine leuchten, während andere dunkel bleiben. So ist die Liebe, denkt sie. Mit nackten Füßen geht sie hinüber, die Sandalen in der Hand.

NACH 2. SAMUEL 11

Hungrig. Batseba und David

Nachts in meinem Bett suchte ich,
den meine Seele liebt.
Ich suchte,
aber fand ihn nicht.
Ich will aufstehen
und durch die Gassen streifen;
ich will suchen,
den meine Seele liebt.
Ich suchte,
aber ich fand ihn nicht.
Es fanden mich die Wächter,
die in der Stadt umhergehen:
Habt ihr gesehen
den meine Seele liebt?
Als ich an ihnen vorüber war,
da fand ich,
den meine Seele liebt.
Ich hielt ihn
und ließ ihn nicht mehr los.

AUS HOHESLIED 3

Spielen. Sophia und Gott

Am Morgen der Welt ging sie übers Wasser.
Einige sagten, sie gehe nicht, sie schwebe.
So leicht war ihr Dasein.
Ich verliebte mich sofort in sie.
Ihr Kleid trägt sie wie eine Königin.
Es ist schwarz und es enthüllt alles.
Sie fürchtet nichts, auch nicht das Dunkel,
aus dem sie kam.
Mit dem Chaos spielt sie
wie mit einer Handvoll Glasperlen.

Spielen. Sophia und Gott

Ihr Name ist Sophia.
Weltordnungsexpertin von Urzeit an.
Es heißt, sie sei die Gefährtin Gottes.
Da wollte ich sie umso mehr.

Gott liebt Sophia.
Ich weiß noch, wie sehr ich anfangs staunte,
dass ihre Liebe nicht exklusiv ist.
Sophia ist frei.
Sie bewegt sich mit der Leichtigkeit
eines Schmetterlings.
Auf den Straßen findest du sie,
sie steht am Tor und wartet.
Immer ist es so, als warte sie genau auf dich.
Sie kann dir das Gefühl geben,
du seist der einzige Mensch.
Der erste.
Ich liebe ihren Kuss.
Er lockt mich in eine Welt, die neu ist und fremd.
Sie flüstert Fragen in mein Ohr.
Ihr Atem kitzelt mich.
Sie zeigt mir die Lust zu erkennen:
Welcher Traum weckt dich?
Welche Früchte machen dich hungrig?
Und welcher Hunger macht dich satt?

Wo sie ist, ist Gott nicht fern.
Ihre Liebe ist groß und uferlos.
Sie ist wie ein Tag im Mai, der auch im November noch

vom Frühling weiß.
Zusammen schaffen sie die Welt nach ihrer Vorstellung.
Spielend erkennen sie einander,
ihre Sehnsucht wohnt in einem Wort.
Sie sind der Anfang aller Liebesgeschichten.
Sie planen nicht.
Sie lassen sich Raum.
Sie blühen auf.
Sie reifen miteinander.
Sie wachsen über sich hinaus.

Ihre Lust ist unbegrenzt.
Sie legen einander Worte in den Mund.
Sie gehen sich unter die Haut,
sie wickeln sich um den Finger,
sie schreiben einander ins Herz.
Sie sind Feuer und Sturm
und sie fürchten nichts.

Ihre Liebe geht weit,
weit über sie hinaus.
Sie lieben, die sie lieben,
und die sie suchen, werden fündig.
Wer es wagt,
kann sich ihnen nähern.

NACH SPRÜCHE 1 UND 8

Mystikern vorzuwerfen, sie liebten Gott mit der Kraft der sexuellen Liebe, das ist so, als würde man einem Maler vorwerfen, Bilder mit Farben zu malen, die aus materiellen Substanzen bestehen. Wir haben nichts anderes, womit wir lieben können.

SIMONE WEIL

O du gießender Gott in deiner Gabe!
O du fließender Gott in deiner Minne!
O du brennender Gott in deiner Sehnsucht!
O du verschmelzender Gott in der Einung mit deinem Lieb!
O du ruhender Gott an meinen Brüsten!

MECHTHILD VON MAGDEBURG,
(13. Jahrhundert)

Herzklopfen. Mensch liebt Mensch

Wenn ich mit Engelszungen redete und einen Menschen auf der Straße liegen sehe und vorüberginge, weil ich nichts fühlte, dann wäre ich ein Stein.

Ich zeige dir einen Menschen. Wir wissen nicht, wer dieser Mensch ist. Wir wissen nicht, ob er sympathisch, faul, sonderbar, betrunken, ansteckend, undankbar, gut oder böse ist. Wir wissen nicht, ob er selber schuld ist. Wir wissen nichts. Ich zeige dir einen Menschen. Ich mache keinen Unterschied.

Ich zeige dir eine Frau, deren Mann nicht mehr liebt. Sie weint. Ich zeige dir einen Bäcker, der nach 23 Jahren seinen Laden zum letzten Mal zusperrt. Ich zeige dir eine Patientin, die gerade die Diagnose „Leben“ bekommen hat. Ich zeige dir ein Kind, das sein Krokodil verloren hat. Es fürchtet sich im Dunkeln. Ich zeige dir die Klofrau, die genau jetzt hundert Euro auf ihrem Teller findet und ihren Augen nicht traut. Ich zeige dir einen Bruder, dessen Schwester ertrunken ist. Ich zeige dir einen Penner, der mal einen Ohrensessel und einen Kanarienvogel hatte. Ich zeige dir einen Liebenden, der im Blau des Morgens über die Straße tanzt. Ich zeige dir eine Mutter, die fünf Euro und elf Cent für ein Geburtstagsgeschenk hat. Ich zeige dir den Bräutigam, der seinen fünfzigsten Hochzeitstag feiert. Ich zeige dir einen Bauern, dessen neugeborenes Kalb frisch im Stroh liegt. Ich zeige dir die Notärztin, die ein Leben retten konnte.

Und wenn ich klug reden könnte und hätte alle Erkenntnis und bliebe stumm, aus Angst, dass meine Worte nur ein Stammeln wären, dann wäre ich Staub.

Ich zeige dir einen Menschen. Er liebt, er weint, er war mal klein, hat eine Lieblingseissorte, kennt den Geburtstag seiner Mutter, träumt, sieht in der Nacht die Sterne, hofft, sorgt sich über einen schmerzenden Punkt hinter der Schläfe, spielt, hasst, erschrickt, streichelt seinen Hund, fürchtet sich in großer Höhe, ringt mit sich, gewinnt, verliert, betet heimlich, wenn keiner ihn hört, isst einen Joghurt, hofft, dass es, was immer das ist, nochmal gutgeht. Ich zeige dir einen Menschen. Er ist wie du.

Und hätte ich allen Glauben, sodass ich Berge versetzen könnte, und meine Seele wäre hart, dann wäre ich nichts.

Ich zeige dir einen Menschen. Er liegt am Boden.
Einer geht vorbei. Er hat Frühstück für seine Kinder gemacht: Piep, piep, piep, wir haben uns alle lieb. Um acht Uhr siebenundvierzig hat er eine Sitzung. Die will er nicht verpassen. In seiner Tasche befindet sich die Tagesordnung. „Sonstiges" ist erst gegen zwölf Uhr drei vorgesehen. Wolken ziehen. Am Boden der Mensch. Eine geht vorbei. Sie trägt ihre Yoga-Matte unterm Arm. Heute war sie besonders zentriert. Sie will positive Energie atmen. So wird sie selbst zu einem positiven Menschen.
Die Uhr schlägt. Am Boden der Mensch. Einer geht vorbei. Heute Morgen hat er die Nachrichten ausgeschaltet. Es gibt so viele schlimme Meldungen, die kann man nicht alle an sich heranlassen. Es ist zu viel. Man muss nicht jedem helfen, dafür zahlt man doch Steuern.

Und wenn ich alles, was ich habe, den Armen gäbe und lebte autofrei und vegan, und mein Herz bliebe kalt, dann würde es nichts nützen.

Herzklopfen. Mensch liebt Mensch

Am Boden liegt der Mensch. Lange geschieht nichts. Dann kommt eine, die bleibt stehen. Sie fragt. Sie hört. Ihr Herz klopft. Sie tut, was zu tun ist. Sie merkt, dass es mehr ist, als sie tun kann. Sie sucht jemanden, der hilft. Dann geht sie weiter. Sie muss noch Brot besorgen und telefonieren. Sie wird sich entschuldigen, dass sie sich verspätet. Es sei etwas dazwischengekommen.

Die Liebe ist langmütig und freundlich und wohnt zwei Millimeter unter deiner Haut.

NACH LUKAS 10 UND 1. KORINTHER 13

Unruhestifter zurechtweisen, Kleinmütige trösten, sich der Schwachen annehmen, Gegner widerlegen, sich vor Nachstellern hüten, Ungebildete lehren, Träge wachrütteln, Händelsucher zurückhalten, Eingebildeten den rechten Platz anweisen, Streitende besänftigen, Armen helfen, Unterdrückte befreien, Gute ermutigen, Böse ertragen und – ach – alle lieben.

AUGUSTIN, (4. Jahrhundert)

Träumen. Maria und Josef

Sie schüttet Haferflocken in die Schüssel und Milch. Milch ist knapp, aber sie haben die Kuh und seine Familie ist auch nicht arm.

„Ich bin schwanger“, sagt sie, und bevor er das verdauen kann, sagt sie noch: „Das Kind ist von Gott.“ Bloß keine Lücke lassen.

Er hört auf zu kauen und schluckt. Sie starrt auf ihre Haferflocken als erwarte sie Erleuchtung. Vielleicht weint sie, er kann das nicht genau sehen, ihr Haar ist lang und fällt ihr ins Gesicht. Er weiß, was die anderen

sagen würden: Dass er jetzt hart sein und gehen müsse. Aber seine Beine bewegen sich nicht.
Vielen wird in diesen Tagen ein Kind untergeschoben. Fast kann er froh sein, dass sie es ihm sagt. Aber wie hätten sie auch zusammen ein Kind machen können? Er war ja weg.
Er reibt mit seinem Finger an einem unsichtbaren Fleck auf der Wachsdecke. Rote Blümchen, noch von vor dem Krieg. Jetzt müsste er aufstehen, jetzt müsste er gehen. Aber er will ja gar nicht. Dann ist es eben nicht von mir, denkt er trotzig. Was bedeutet schon ein winziger Samen?
„Von wem…“, setzt er an, aber sie schüttelt den Kopf. „Das Kind ist von Gott“, wiederholt sie fest. Er wusste gar nicht, dass sie so fromm ist. Sie wusste es auch nicht. Gott ist ihr Ausweg jetzt.
Als er später vorm Einschlafen den Arm um sie legt, dreht sie sich weg. „Nicht“, sagt sie. Das verletzt ihn. Verwundert stellt er fest, dass es ihn mehr verletzt als das Kind. Sie schließt ihn aus. „Ich kann nicht“, sagt sie. Im Dunkeln weint er, aber leise. So dass sie ihn nicht hört. Er liegt lange wach und starrt an die Decke. Über ihm ist ein dunkler Fleck. Wahrscheinlich ein Brandfleck. Er sieht aus wie der Teufel mit nur einem Horn. Der Teufel lacht ihn aus: „Was bist du für ein Wachlappen. Nicht mal weggehen kannst du.“
Kurz bevor es hell wird, muss er doch eingeschlafen sein, denn er hat einen Traum. Ein Engel sitzt auf einem zerstörten Haus. Seine Flügel sind angesengt. „Bleib

bei ihr“, sagt er. „Das Kind ist von Gott.“ Der Engel sieht ihn so eindringlich an, dass er nicht widerspricht.

Sie schläft noch, als er aufwacht. Der Küchenfußboden ist kalt. Er setzt Wasser für den Kaffee auf. Sie hat echte Bohnen und die Frage, woher sie die eigentlich hat, schneidet ihm ins Fleisch. Trotzig kippt er sie in die Mühle. Es ist so viel kaputt, denkt er. Wir nicht auch noch. Ich liebe sie. Er ist überrascht, wie klar sein Herz ist.

Er beginnt, das Dach zu reparieren. Später auch die Fenster, aber dazu braucht er Glas, das bekommt man schwer. Sie macht den Bund ihrer Röcke weiter und näht auch sonst viel. Sie bereitet sich vor, denkt er. Noch immer spricht sie wenig, aber wenigstens lehnt sie sich manchmal an ihn. Ihr Haar riecht nach Äpfeln. Irgendwann, hofft er, wird alles wieder wie früher. Sie schleppt etwas Großes mit sich herum. Er würde es ihr gern abnehmen, aber er weiß nicht wie.

Der Tag der Geburt kommt näher. Draußen ist es mild. Er fürchtet sich vor dem Kind. Wie es aussehen wird. Dass es ihn an jemanden erinnern könnte.

Sie bringt den Jungen nachts zur Welt. Er hilft ihr, so gut er kann, und plötzlich sind sie sich zum ersten Mal wieder nah. Mit traumwandlerischer Sicherheit tut er, was er noch nie getan hat, und dann hält er das Kind in seinem Arm. „Mein Sohn“, sagt er und meint es auch so. Der Kleine ist zart und er liebt ihn sofort. „Jetzt sind wir zu dritt“, sagt er, um zu zeigen, wie ernst er es meint. Dabei muss er das gar nicht. Sie sieht es auch so.

Langsam beginnen, die Wunden zu heilen. Sie spricht nicht darüber, weil man über manche Dinge besser schweigt. Sie hat ihn, das macht sie froh. Dass er geblieben ist. Er hat ihr von dem Engel mit den angesengten Flügeln erzählt. Dass der auch bei ihr war, hat sie nicht gesagt. Vielleicht ahnt er es sowieso. Ohne den Engel wäre sie verloren gewesen. Ohne ihn aber auch.

Er hat dem Kleinen ein Stühlchen gebaut. Damit er mit ihnen am Tisch sitzen kann. Alle entdecken eine Ähnlichkeit in seinem Gesicht: Ganz der Papa, ganz die Mama, der Opa, eine entfernte Tante, sogar die Nachbarin, die ganze Menschheit scheint sich wiederzuerkennen, und sie widerspricht nicht. Anfangs hatte sie in Josefs Augen nach Groll gesucht. Aber sie fand nichts. Er füttert den Kleinen mit Haferbrei, den er heimlich mit Honig verfeinert, wenn sie wegsieht. Honig ist teuer. Sie weiß es trotzdem, und sie liebt es.

Im Sommer heiraten sie, endlich reinen Tisch machen, wie seine Mutter das nennt. Aber sie will es auch. Es gibt Bienenstich, gefüllt mit echter Buttercreme, aber kein großes Fest. Ihnen ist es recht, es ist noch nicht die Zeit für große Feste. In den Kinos laufen immer neue Filme an. Große Liebe, viel Romantik. Sie hat nur einen davon gesehen und konnte wenig damit anfangen. Die Art von Verliebtsein kam ihr so naiv vor. Als das Paar sich endlich gefunden hatte, war der Film vorbei. Als bliebe das ganze Leben wie ein erster Kuss. Ihre Liebe ist meilenweit davon entfernt. Sie ruckelt wie eine alte Tram, aber sie bewegt sich.

Nachts berührt sie ihn, zaghaft erst. Er hat ein gutes Gespür für ihr Tempo, manchmal kommt es ihr vor wie ein Tanz. Als sie miteinander schlafen, führt sie.

Sie wird erneut schwanger. Diesmal von ihm. Einzelkinder gibt es kaum und warum auch? Durch die Straßen tobt immer ein Kinderschwarm, sie sind wie Kaninchen zwischen den Trümmern. Nach und nach werden die Steine wieder zu Häusern gestapelt. Türen werden eingesetzt und schließen sich. Dahinter hat jeder seine eigenen Sorgen, auch sie. Wer hatte je Sorglosigkeit versprochen?

Sie haben einen Engel (wenn auch mit angesengten Flügeln), ein paar Träume und ein Kind, in dessen Gesicht sich die Welt spiegelt. Das reicht.

NACH MATTHÄUS 1

Träumen. Maria und Josef

Und der Engel sprach und gab sich Müh
an dem Mann, der seine Fäuste ballte:
Aber siehst du nicht an jeder Falte,
dass sie kühl ist wie die Gottesfrüh.

Doch der andre sah ihn finster an,
murmelnd nur: Was hat sie so verwandelt?
Doch da schrie der Engel: Zimmermann,
merkst du's noch nicht, dass der Herrgott
handelt?

Weil du Bretter machst, in deinem Stolze,
willst du wirklich den zur Rede stelln,
der bescheiden aus dem gleichen Holze
Blätter treiben macht und Knospen schwelln?

Er begriff. Und wie er jetzt die Blicke,
recht erschrocken, zu dem Engel hob,
war der fort. Da schob er seine dicke
Mütze langsam ab. Dann sang er lob.

RAINER MARIA RILKE

Dasein. Jesus

Dies ist die Geschichte eines Liebenden.

Er wurde in einem Stall geboren. Trotzdem stand sein Leben unter einem guten Stern.

Man sagt, er verwandelte Wasser in Wein und er verstünde es, glücklich zu sein.

Aber er hortete sein Glück nicht. Freigiebig teilte er es tausendfach und es wurde immer mehr. Lilien und Vögel waren seine Lehrerinnen. Sich zu sorgen war nicht seine Stärke. Fasten lag ihm nicht. Er aß, wenn er hungrig war. Mit Betrügern saß er an einem Tisch.

Dasein. Jesus

Er kannte keine Scheu. Die Ausgestoßenen berührte er. Blinden öffnete er die Augen. Gelähmten machte er Beine. Den Dämonen befahl er zu schweigen.
Selbst den schlimmsten Sturm konnte er stillen. Und wenn es sein musste, ging er übers Wasser.
Dennoch wollte er nicht angebetet werden. Nie stellte er sich selbst in die Mitte. Er entzog sich regelmäßig. Seine Gebete schmeckten nach Brot. Seine Worte waren Salz. Er säte Geduld. Den Sanftmütigen versprach er das Erdreich.
Er kannte keine Angst, etwas vergeblich zu tun.
Er hielt den Kopf hin und ließ sich salben mit Öl.
Heuchler waren ihm ein Graus. Die das Himmelreich abschließen wollen wie ein Privatgrundstück. Er öffnete es allen. Die Sehnsüchtigen und die Verfolgten liebte er. Mit einem Verbrecher verabredete er sich im Paradies.
Er vergab jedem, der ihn bat. Stolz war ihm fremd. Wer mit ihm eine Meile gehen wollte, mit dem ging er zwei. Einigen ging das zu weit.
Aber er ging noch weiter. Er liebte seine Feinde. Er machte keine Unterschiede.
Die Sonne nahm er sich zum Vorbild und das Gleichmaß des Regens.
Er war für alle da. Niemanden schloss er aus.
Er sagte: Fürchtet euch nicht. Immer wieder: Fürchtet euch nicht. Fürchtet euch nicht vor denen, die euch bedrohen. Fürchtet euch nicht, verloren zu gehen. Fürchtet euch nicht vor leeren Räumen, Hasenfüßen und vorm Mittelmaß.

Fürchtet nicht, eure Hände dreckig zu machen, fürchtet euch nicht vor der Dunkelheit. Fürchtet keine Großmäuler, Zahnärzte und bohrende Fragen. Fürchtet euch nicht vorm Fallen und nicht vorm Fliegen. Fürchtet euch nicht vor der Furcht. Fürchtet euch nicht vor euren Träumen, auch nicht vor den Alpträumen. Fürchtet euch nicht vor dem, was ihr nicht für möglich haltet. Fürchtet euch nicht vor der Wahrheit, die manchmal hässlich ist. Fürchtet nicht den Blick in den Spiegel. Fürchtet euch nicht vor dem Unbekannten und dem Buchsbaumzünsler. Fürchtet euch nicht vorm Untertauchen und nicht vor der Tiefe. Nicht mal vor eurer eigenen.
Er war Perlentaucher und Schatzsucher.
Es fiel ihm nicht schwer, alles zu geben.
Vor Verschwendung schreckte er nicht zurück.
Zeitlebens blieb er ein mäßig talentierter Rechner. Was er gab, richtete sich nicht nach dem Verdienst. Seine Rechtfertigung nannte er Himmel.
Im Herzen blieb er ein Kind.
Die Spatzen und die Erschöpften fing er auf.
Steht auf, sagte er. Nehmt euer Bett und geht.
Seine letzten Worte waren:
Ich bin da.

Dasein. Jesus

Mit den Angezeigten bin ich folgendermaßen verfahren: Ich habe sie gefragt, ob sie Christen seien. Die Geständigen habe ich unter Androhung der Todesstrafe ein zweites und drittes Mal gefragt. Die dabei blieben, ließ ich abführen. Die bestritten, Christen zu sein, glaubte ich freilassen zu müssen, da sie mit einer vorgesprochenen Formel die Götter anriefen und außerdem Christus schmähten, wozu wirkliche Christen, wie man sagt, nicht gezwungen werden können. Sie versicherten, ihre ganze Schuld oder ihr Irrtum habe darin bestanden, dass sie sich an einem bestimmten Tag vor Sonnenaufgang versammelten, Christus wie einem Gott einen Wechselgesang darbrachten und sich durch Eid verpflichteten – nicht etwa zu einem Verbrechen, sondern zur Unterlassung von Diebstahl, Raub, Ehebruch, Treulosigkeit, Unterschlagung von anvertrautem Gut. Später seien sie wieder zusammengekommen, um Speise zu sich zu nehmen und zwar ganz gewöhnliche und unschädliche. Umso mehr hielt ich es für notwendig, aus zwei sogenannten Dienerinnen unter der Folter herauszubekommen, was wahr sei. Ich fand nichts als einen wüsten, maßlosen Aberglauben. Nicht nur über die Städte, sondern auch über die Dörfer und das flache Land hat sich die Seuche dieses Aberglaubens ausgebreitet.

PLINIUS bat um 112 n. Chr. Kaiser Trajan um Rat, ob er weiterhin jeden töten sollte, der als Christ entdeckt wurde, da bereits so viele getötet wurden.

Kirschen essen. Königin und König

Sie ist Königin von Beruf.
Wieso Königin, fragen die Freunde, reicht nicht Prinzessin?
Lieber nicht, sagt sie. Da muss man nur schön sein. Langweilig auf Dauer. Sie löst für ihr Leben gern Kreuzworträtsel. Und sie rechnet gern. Am liebsten mit Unbekannten.
Wenn du endlich heiraten würdest, könntest du das Rechnen deinem Mann überlassen, finden die Freundinnen. Und alles andere auch.

Und was mache ich in der Zeit?, fragt sie. Aber in Gedanken ist sie schon woanders: Der wievielte Tropfen wohl macht aus einer Pfütze einen See?

Er ist König von Beruf.
Das überrascht keinen. Sein Vater war König. Sein Großvater auch. Da wird man nicht eben Kfz-Mechaniker. Er schreibt Gedichte und spricht mit den Vögeln. Ein Träumer ist er trotzdem nicht. In einem einzigen Jahr verdient er 24 Tonnen Gold. Dazu kommen die Geschenke dankbarer Menschen: 739 Silbergabeln, 38 handgetöpferte Vasen, 127 Bildbände aus der Heimat, 3805 Päckchen, Tüten, Schachteln mit Marzipan. (Er hatte einmal beiläufig erwähnt, Mandeln zu mögen.)

Von so einem König hat die Königin noch nie zuvor gehört. Ob er wirklich so außergewöhnlich ist, fragt sie sich. Die meisten Könige, die sie kennt, sind versessen auf Kriegsspielzeug oder sie fressen, weil sie sich langweilen. Und wer schon sich selbst langweilt, langweilt alle. Man sagt, dieser König sei weise, klug und unterhaltsam. Das will sie sehen.
Aber er soll tausend Frauen haben, wenden die Freundinnen ein. Was willst du mit dem? Deinen Ruf wirst du ruinieren.
Was für ein Ruf, murmelt sie. Sie ist nicht bei der Sache, weil sie sich bereits Rätsel für ihn ausdenkt. Wenn sie in Gedanken versinkt, knabbert sie an ihrer Lippe, die sich langsam rosa färbt.

Kirschen essen. Königin und König

Der König liebt Frauen aus Prinzip. Keine ist wie die andere. Ich kann also nichts dafür, sagt er und lächelt verlegen. Was seine Grübchen gut zur Geltung bringt. Ich bin eben neugierig. Auf diese Königin ganz besonders.

Ihre Ankunft bringt ihn trotzdem ins Wanken. So eine Königin hat er noch nie gesehen. Wegen der riesigen Kamele, wegen der goldenen Wagen, wegen der Treffsicherheit ihrer Geschenke. Auch wegen der feinen Diamanten auf ihrer Haut. Und weil sie genauso groß ist wie er. Und ihm direkt in die Augen sieht. Ich will wissen, sagt sie, ob es stimmt, was man über dich sagt.

Er führt sie hinein. Sie betreten einen Raum, der ist weit wie das Meer. Sie rafft ihr Kleid, um hindurchzuwaten.

Es ist ein Spiegel, sagt er. Der ganze Boden ist ein Spiegel.

Sie lacht über ihren Irrtum und lässt ihr Kleid fallen.

Einen solchen Spiegel habe ich noch nie gesehen.

Er zeigt das Verborgene, sagt er. Wenn man es nicht fürchtet.

Sie geht zu ihm. Kostet es aus.

Und, fragt er. Gefällt dir, was du siehst?

Und, fragt sie, gefällt dir, was du nicht siehst?

Sie pflückt eine Kirsche aus der Schale. Hält sie ihm vor den Mund. Welcher Kern ist köstlicher als das Fruchtfleisch?

Seine Antwort kommt schnell: Die Seele des Menschen.

Sie lächelt.

Womit, fragt er, füllst du einen Raum, wenn du nur einen Gegenstand hast?
Mit Licht, schlägt sie vor.
Probieren wir es. Er zieht eine Schnur. Die Vorhänge fallen. Er zündet eine Kerze an.
Ihre Augen sind wach wie Tauben.
Ich bin hungrig, sagt sie.
Dann lass uns essen.

Am Tisch beobachtet sie ihn. Er lässt sich nichts anmerken. Obwohl er weiß, dass sie guckt. Seine Lippen berühren eine Sekunde länger das Glas. Er glänzt. Sie staunt.
Gib es zu, du hast mich für einen Bauerntrampel gehalten.
Bauern, sagt sie, verstehen die Kunst, mit den Tieren zu sprechen. Sie senkt ihre Stimme. Und du? Wofür hältst du mich?
Du…, er macht eine Pause, bist die Frage auf meine Antworten.
Nachdenklich sieht sie ihn an.
Hier, sagt er, eine Geschichte:

Einst empfing ein König eine Königin. Er lud sie ein, über Nacht zu bleiben. Unter einer Bedingung, antwortete sie, dass du mich nicht verführst. Ich verspreche, sagte er. Unter der Bedingung, dass du nichts nimmst, was mein ist. Ich verspreche, sagte sie.
Sie aßen zusammen. Später zeigte er ihr das Schlafgemach. Zwei Betten standen darin. Eins an der linken

Wand. Eins an der rechten Wand. Sie legten sich zur Ruhe. Aber er schlief nicht, sondern wartete. In der Nacht wachte sie auf. Ihr Mund war trocken. Sie hatte großen Durst. An seinem Bett stand ein Kelch mit Wasser. Leise schlich sie hinüber. Als sie den Kelch berührte, griff er nach ihrem Arm. Was ist mit deinem Versprechen?
Sie erschrak. Gilt es auch für Wasser?
Es gilt für alles, sagte er.
Was blieb ihr, auch ihn von seinem Versprechen zu entbinden?
Sie liebten sich den Rest der Nacht.

Er beugt sich zu ihr: Sag, hat er sie verführt, indem er mit Salz am Essen nicht sparte?
Nein, sagt sie langsam. Sie hat ihn verführt, kräftig zu salzen.
Sie sehen einander an.
Steh auf, sagt er.
Komm, sagt sie.
Unter Hennasträuchern lass uns die Nacht verbringen.
Sie gehen hinaus aufs Feld. Ihr Haar fließt über ihre Schultern.
Rund sind deine Schenkel, sagt er, die des Meisters Hand gemacht. Dein Schoß ist ein Kelch voll Wein.
Die Feigenbäume duften und ihr Lager ist grün. Der König gibt, worum sie bittet. Außer dem, was er von sich aus gibt.
Am nächsten Morgen reist die Königin wieder ab.

Aber warum, fragen die Freundinnen, bliebst du nicht?
Das Abendrot währt eine halbe Stunde.
Der Regenbogen leuchtet und vergeht.
Eine Sternschnuppe kannst du nicht festhalten.
Dass sie immer so in Rätseln spricht, murren sie.
Auf ihren Lippen liegt ein Lächeln. In ihrer Hand ein Kästchen.
Was ist darin? Ein Ring?
Sie öffnet es.
Ach. Enttäuscht wenden sie sich ab. Nur ein Kirschkern.

NACH 1. KÖNIGE 10

Kirschen essen. Königin und König

Küssen soll er mich
mit Küssen seines Mundes.
Köstlich ist deine Liebe,
köstlicher als Wein.
Wenn mein König mit mir speist,
riecht er den Duft meines Nardenöls.
Ein Beutel voll Myrrhe ist mein Geliebter,
liegend zwischen meinen Brüsten.
Schön bist du, Geliebte,
deine Gestalt gleicht einer hohen Dattelpalme,
deine Brüste sind ihre Früchte.
Ich will auf die Palme steigen,
nach ihren reifen Früchten greifen.
Deinen Atem will ich trinken,
der wie frische Äpfel duftet,
deine Lippen will ich spüren,
würzig schmecken sie wie Wein.

HOHESLIED 1 UND 7

Kinderkriegen. Jakob, Lea und Rahel

An dem Morgen, als der Märchenprinz kommt, trägt Rahel das rote Kleid. Lea trägt einen Topf Gulasch. Zum Mittag gibt es Fleisch. „Leachen, du bist die Beste“, sagt der Vater und meint es genauso, denn Rahel ist die Schönste.

Der Prinz kommt aus der Fremde. Ihm fehlt ein Pferd und auch sonst einiges, aber als er Rahel sieht, vergisst er das.

„Du Schöne“, stammelt er. Sonst bekommt er nicht viel heraus, was Rahel irgendwie rührend findet, und seine

Arme sind stark, weshalb sie nichts gegen einen Kuss einzuwenden hat.

Lea stellt einen weiteren Teller auf den Tisch. „Den will ich oder keinen", sagt Rahel und der Vater sagt: „Kommt Zeit, kommt Rat. Der soll erstmal zeigen, was er kann." Denn die Schafe wollen geweidet und die Ziegen gemolken werden und wo er schon dabei ist, kann er auch den Schuppen neu decken. Die Mägde kichern, wenn der schöne Fremde ihnen zuzwinkert. „Er heißt Jakob", flüstern sie andächtig. Lea rollt die Augen: „An die Arbeit, ihr Hühner", ruft sie, „oder denkt ihr, die Kartoffeln schälen sich von selbst?" „Kartoffeln", prusten die Mägde, „sie denkt immer nur an Kartoffeln!" Aber das ist ein Irrtum. Lea denkt an Kinder und an ein Haus und an einen Garten mit Markise und an noch mehr Kinder und an einen Mann, der sie für immer liebt und sagt „Leachen, Leachen".

Jakob macht sich gut. Mit den Mägden schäkert er. Mit dem Alten baut er einen neuen Stall. Lea bringt er hin und wieder eine Keule oder die Lende vom Schaf. Und Rahel küsst er hinter der Hecke. Eines Tages sagt der Vater beim Kaffee: „Jetzt wird geheiratet!"

Ein Zelt wird auf aufgestellt. Zweihundert Lammkeulen werden gegrillt und sieben Musiker in goldenen Anzügen bestellt. Rahels Wangen sind rot und Leas auch wegen der ganzen Aufregung in der Küche. „Wie wird es sein, Leachen, wenn meine Finger sein Dingsda finden?" „Wie soll es schon sein? Weicher als das Fell eines Köters und härter als der Rücken einer Kröte."

Die Sonne sinkt. Die glasierten Lammkeulen glänzen, die Musiker auch. Alle tanzen, bis die Nacht kommt und die Braut ins Schlafzimmer geführt wird, wo der glückliche Gatte bereits wartet. Die Kissen sind weich. Wie sie duftet! Wie glücklich sie ihn macht mit ihren geschickten Fingern! Wie sie gurrt, sein Täubchen! Und wie er erwacht am Morgen, benommen noch von Lust und Wein und als erstes ihre Hände sieht. Diese Hände, die Hühner würgen und Wäsche wringen – wie er aufspringt und „Lea!", schreit. Und Lea gurrt: „Ja, mein Schatz?"

Jakob stolpert hinaus. Das muss ein Traum sein, ein böser Traum. Anders kann er es sich nicht erklären. „Guten Morgen, Schwiegersohn. Kaffee?" Jakob will keinen Kaffee. Er will Rahel. „Dein Protest kommt spät", sagt der Alte. „So schlecht scheint die Nacht nicht verlaufen zu sein. Bei uns wird erst die Älteste verheiratet. Sag bloß, du wusstest das nicht?"

Ach, Jakob. Und nun?

„Wo ist Rahel?", ruft Jakob so laut er kann und versucht wieder, Herr der Lage zu werden. „Etwas unpässlich", sagt der Vater ungerührt. „Das war ein Trick, ein hundsgemeiner Trick", schreit Jakob.

„Schau", der Vater nimmt ihn begütigend zur Seite, „denk doch einen Moment nach. Warum willst du eine unglücklich machen, wo du beide nehmen kannst. Die Schönste für die Freude und die Beste fürs Haus."

Und so kommt es, dass Jakob plötzlich zwei Frauen hat. Er liebt Rahel und Leas Hammelbraten liebt er auch, den sie wie kein anderer mit einer krossen Honigkruste zu braten versteht. Nur, dass Lea auch gern geliebt worden wäre.

„Mein Löwe", schnurrt Rahel. „Mein Stier", fordert Lea. Einander haben sie nichts mehr zu sagen. „Mein Krieger", seufzt Rahel. „Mein Eroberer", ruft Lea. „Mein Erlöser", sehnt sich Rahel. „Mein Versorger", verlangt Lea und bekommt ihr erstes Kind.

„Erste!", ruft sie und nennt ihren Sohn Jetzt-wird-er-mich-lieben. Weil das schwer auszusprechen ist, heißt er im Alltag Ruben. Nachts stillt Lea Ruben und Rahel stillt Jakobs Verlangen, so ist allen gedient. Schon bald wird Lea wieder schwanger. „Schön", sagt Jakob und streicht ihr gedankenverloren über den Kopf, „das ist gut für dich, Schatz. Ist der Kuchen hier frisch?" Lea gebiert Noch-ein-Sohn-wenn-ich-schon-nicht-geliebt-werde und kurz darauf Jetzt-wird-Jakob-an-mir-hängen, gerufen Simeon und Levi. An Leas Brüsten hängt immer ein Kind, aber Rahels Brüste sind frei. „Ist doch praktisch", sagt Jakob, aber Rahel schiebt ihn weg. „Ich will auch ein Kind", sagt sie. „Das kommt", versucht Jakob sie ungeschickt zu trösten, aber erst kommt Leas viertes Kind. „Mir reicht's", schreit Rahel. „Wenn du mir nicht sofort ein Kind machst, sterbe ich!" Jakob findet, die Kinder machen bereits genug Geschrei, da kann er von Rahel ja wohl etwas Hingabe erwarten. „Bin ich Gott?", schreit er zurück, aber dann besinnt er sich und greift versuchsweise nach ihr. „Du bist doch meine Verführerin", lockt er, aber Rahel dreht sich einfach um.

„Schlaf mit meiner Magd."

„Wozu?"
„Sie wird mein Kind austragen."
„Du bist verrückt!"
„Ja, nach dir." Rahel umschlingt ihn und Jakob denkt an die Magd mit dem runden Hintern: Warum nicht?
Die Lage wird immer unübersichtlicher. Rahels Magd bringt Gott-hat-mir-Recht-verschafft zur Welt. Und als nächstes Ich-habe-gesiegt. Lea will das nicht auf sich sitzen lassen und weil sie nicht schwanger wird, schickt sie auch ihre Magd zu Jakob ins Bett. Ein-Glück kommt zur Welt. Und kurz darauf noch ein Sohn. Jakob verliert langsam den Überblick. „Alter", rufen seine Freunde, „du hast es wirklich drauf!"
Doch langsam laufen die Dinge aus dem Ruder. Manchmal hat Jakob das Gefühl, in einem sich fortpflanzendem Alptraum zu leben. Lea ist meistens müde. Der Sex mit Rahel lässt nach. „Ich bin keine ganze Frau", jammert sie. Jakobs weiß nicht, was er tun kann. Lea leidet. Rahel leidet. Der Chor der Freundinnen schüttelt den Kopf: „Ist er das wirklich wert? Ihr habt so viel: Rahel, du bist schön, klug und geliebt. Lea, du hast die Kinder, den Garten und Käsesahnetorte. Muss es denn immer alles sein?" Aber Lea und Rahel rufen im Chor zurück: „Ich will, was sie hat!" Darin sind sie sich seit Langem mal wieder einig.
Eines Morgens pfeift Lea. Lea hat schon lang nicht mehr gepfiffen und Rahel fragt: „Warum bist du so fröhlich?" Lea kann es nicht für sich behalten: „Schau, was ich habe." Sie hält ein kleines Röhrchen mit weißen Kügel-

chen hoch. „Die machen Kinder!“ Rahel guckt sie belustigt an: „Und an sowas glaubst du?“ „Musst du ja nicht.“ „Warte!“, ruft Rahel plötzlich und ihr Blick wird ganz weich. „Gib mir eins, bitte! Nur einmal möchte ich schwanger werden. Nur einmal selbst ein Kind zur Welt bringen!“

Lea kann es nicht glauben, was sie da hört: „Ja, was denn noch? Reicht es nicht, dass du seine Liebe hast? Mit mir schläft er doch längst nicht mehr!“ Rahel fasst sie am Arm. „Pass auf: Ich überlasse ihn dir für eine Nacht. Dafür gibst du mir eines von den Kügelchen.“

Und Jakob tut seine Pflicht und Lea wird wieder schwanger. Und Rahel denkt: Jetzt sterbe ich wirklich. Aber bevor es dazu kommt, hat Gott ein Einsehen. Endlich. Alle atmen auf. Rahel bringt Jakobs elften Sohn zur Welt. Sie nennt ihn: Noch-einen! Da wissen alle: Der Kampf ist noch nicht vorbei.

„Wirklich?“, stöhnt der Chor der Freundinnen. „Wollt ihr wirklich euer ganzes Leben diesem Konkurrenzding opfern?“

Aber die Kinder schreien so laut, dass keiner ihn hört.

NACH 1. MOSE 29+30

Jakob fragte Rachel: Wirst du mich heiraten? Und sie antwortete ihm: Ja, aber mein Vater ist ein Trickbetrüger und du wirst ihm darin nicht überlegen sein. Jakob fragte: Wie wird er mich betrügen? Sie antwortete: Ich habe eine ältere Schwester und er wird mich nicht vor ihr verheiraten. Dann sagte Jakob: Was das Betrügen angeht, so bin ich der Bruder deines Vaters. Sie fragte: Aber ist es angemessen für einen gerechten Mann zu betrügen? Er antworte: „...gegen die Reinen bist du rein, und gegen die Verkehrten verkehrt." (2.Samuel 22.27) Also gab er ihr bestimmte Gegenstände, mit denen sie sich ihm zeigen würde. Als aber die Hochzeitsnacht kam, da sagte Rachel zu sich: Jetzt wird meine Schwester gedemütigt werden. So gab sie Lea die Gegenstände.

BABYLONISCHER TALMUD

Zwecklos. Menschenfrau und Menschenmann

An Tag sechs nach Fertigstellung der Erde sitzen Giraffe und Eichhorn beim Nachmittagstee und sind sehr zufrieden. „Ich muss schon sagen“, sagt Eichhorn, „alles in allem ist diese Erde wirklich gelungen. An Nüssen hat das Gottwesen etwas gespart, aber sonst…“ Giraffe nickt und knabbert an einem Akazienzweig. „Mir gefällt es hier auch sehr. Nur die Nachbarn sind etwas laut, nun ja, Elefanten eben. Aber man wird schon miteinander auskommen. Platz genug gibt es ja. Dieser große Garten!“

„Schau“, ruft Eichhorn. „Gott werkelt schon wieder. Immer fleißig. Was das wohl wird?“ Giraffe legt den Kopf schief: „Sowas habe ich noch nie gesehen. Das muss wohl abstrakte Kunst sein. Es hat nur zwei Beine. Und es steht ganz wackelig ...“
Eichhorn nickt nachdenklich. „Und warum ist es so nackt? Es muss doch frieren. Oder soll das auf dem Kopf etwa Fell sein?“ Gott sieht das Wesen zufrieden an.
„Es kann doch noch nicht fertig sein“, murmelt Giraffe. „Und was ist das? Gott wird doch nicht ... Gott küsst das Wesen! Mitten auf den Mund! Uns hat Gott noch nie geküsst… Sieh nur, und jetzt bewegt es sich!“
So endet nach Morgen und Abend der sechste Tag. Das Eichhorn schläft unruhig in dieser Nacht. Ob das neue Wesen gefährlich ist? Und was, wenn es ebenfalls Nüsse mag?

Am Morgen sieht die Welt wieder heller aus. Weil Sonntag ist, kommt Eule zu Besuch. „Das neue Wesen heißt Mensch“, erklärt sie.
„Ach“, staunt Giraffe. „Woher weißt du das?“
„Gott hat es so genannt.“
„Mensch…“, sinniert Giraffe.
„Und es gibt jetzt zwei davon“, fährt Eule fort.
„Wieso zwei?“, ruft Eichhorn überrascht. „Ist es so gut gelungen? Kann es etwas Besonderes? Fliegt es? Wechselt es die Farbe? Springt es von Baum zu Baum?“ Eule schüttelt den Kopf. „Was kann es dann?“
„Man wird sehen“, sagt Eule. „Ich glaube, Gott mag es.“

Das beruhigt Eichhorn nicht besonders. „Mehr als uns?"
„Man wird sehen …"
Die drei beschließen, den Menschen einen Besuch abzustatten. „Ich nehme ein paar Nüsse mit. Als Willkommensgeschenk. Das macht man so unter Nachbarn", erklärt Eichhorn.
Die Menschen liegen in der Sonne. Sie schlafen.
„Sie sehen verschieden aus", stellt Giraffe fest.
„Ich habe gehört, dass da ist Mann", sagt Eule. „Und das ist Frau."
„Abgesehen von dem Dings da: Was unterscheidet sie?"
„Das weiß ich nicht."
Frau und Mann leben sich gut ein. Sie sind ein bisschen pedantisch. Mann baut überall Zäune und Frau schmückt alles andere mit Blumen. Über alles, was sie tun, diskutieren sie lang.
„Du meine Güte!", sagt Giraffe, „warum tun sie das?"
„Um sich einig zu werden", sagt Eule, die wirklich alles zu wissen scheint. „Und wenn sie sich einig sind, küssen sie sich."
„Wozu?", fragt Eichhorn.
Aber da muss Eule passen.

„Ich habe nachgedacht", eröffnet Giraffe am nächsten Tag das Gespräch.
„Worüber denn?", fragt Eule interessiert. Sie wundert sich immer darüber, wenn auch andere denken.
„Wozu sind diese Menschen da?" Giraffe schaut herausfordernd in die Runde. „Wozu wir da sind, ist offensicht-

lich: Ich esse die oberen Blätter der Bäume. Wer sonst könnte heranreichen?" Die anderen nicken. „Eichhorn sorgt dafür, dass die Welt nicht in Nüssen ertrinkt. Und Eule erklärt uns die Sachen, die wir nicht wissen. Aber wozu sind die Menschen da? Sie tun nur läppische Dinge. Niemand braucht diese ganzen Zäune. Ich steige hinüber und Eichhorn springt durch die Lücken. Na, und Eule fliegt einfach drüber weg."

„Da ist was dran", pflichtet Eichhorn ihr bei. „Am besten, wir beobachten sie eine Weile."

Sie beschließen, sofort damit anzufangen. Einen ganzen Tag schauen sie sich das Tun der Menschen an.

„Und?", eröffnet Eule am Abend das Gespräch.

Eichhorn schüttelt den Kopf. „Ich werde nicht schlau aus ihnen. Den ganzen Tag haben sie geredet und geredet. Dabei haben sie immer wieder sonderbare Grimassen geschnitten."

„Man nennt das Lachen", wirft Eule ein.

„Lachen?", wundert sich Giraffe. „Was soll das denn schon wieder sein? Wozu ist es gut?"

„Dann haben sie sich geküsst", fährt Eichhorn ungerührt fort. „Genau wie Gott es am Anfang gemacht hat. Warum tun sie das? Sie müssen sich doch nicht beatmen. Oder doch?"

Eule schüttelt den Kopf.

„Und sie sehen sich immer so an …", Eichhorn sucht nach den richtigen Worten. „Als wären sie weggetreten."

„Verklärt", sagt Eule.

Giraffe wiegt ihren langen Hals. „Sie spielen alberne

Spiele. Sie halten sich an den Pfoten." „Händen", verbessert Eule. „Überhaupt fassen sie sich dauernd an, dabei haben sie nicht mal Fell, das sie putzen könnten. Nachts liegen sie eng beieinander und am nächsten Morgen reden sie sofort weiter, dabei ist in der Zwischenzeit nichts geschehen. Sogar ihre Träume erzählen sie."

„Ihre Träume? Warum denn das?"

Ratlos sehen sie einander an. „Könnt ihr in ihrem Tun irgendeinen Zweck erkennen?", fragt Giraffe. Die anderen schütteln den Kopf.

„Dann muss es Liebe sein", sagt Eule plötzlich.

„Was ist das?"

„Ich bin nicht sicher", sagt Eule, „aber es scheint zwecklos und schön zu sein."

Nachdenklich nicken sie und schauen mit verträumten Blicken in die untergehende Sonne. Eine Giraffe, ein Eichhorn und eine Eule.

„Oh sieh nur", ruft die Menschenfrau verzückt. „Wie süß", seufzt der Menschenmann und lächelt dabei etwas albern. Aber es ist ja niemand da, den das stört.

NACH 1. MOSE 2

„In Anfang war das Wort", predigte Franz von Assisi einer Gruppe von Tieren. Andächtig zunächst bellte der Hund, blökte das Schaf, gackerte das Huhn, denn sie alle liebten Franziskus.
Die Ziege jedoch meckerte: Warum „Wort"? Ist Gott denn ein Mensch? Und gleich zwitscherte im Baum, unter dem sie versammelt waren, ein Vöglein keck: Kein Mensch! Kein Mensch! Franziskus, etwas verwirrt, versuchte zu begütigen: Vielleicht, mag sein, war das Wort nicht nur Wort, war auch Gesang und war im Anfang also Gottes Gesang.
Der Hund, aufs Mal ohne Andächtigkeit, rief bellend: Warum Gesang? Warum nicht Gebell, Gezwitscher, Gegacker, Gemecker, Geblöke?
Die Tiere kicherten, gluckten, japsten, jaulten vergnügten Beifall. Seinerseits mutig geworden, warf das Huhn ein: Ob Wort, ob Gesang – jedenfalls lasst ihr Menschen Gott stets mit einer Menschenzunge reden oder auch singen!
So ist es, riefen die Tiere, jedes auf seine eigene Art. Selbst das Schaf getraute sich jetzt zu bekennen: Wenn ich Gott höre, und ich höre ihn oft, hör' ihn fast immer, so blökt er voll himmlischen Wohllauts.
In seiner Verwirrung gab Franziskus aber doch noch zu bedenken: Immerhin, ihr Lieben,

ist in Jesus Christus Gott denn nicht Mensch geworden?
Fröhlich meckerte die Ziege: Nun ja, Mensch für euch Menschen, das mag wohl sein, doch wie willst du wissen, was er sonst noch, was er für uns geworden ist? Franziskus verstand die Frage nicht, blickte ratlos, fast verstört, in die Runde der Tiere, deren Gelächter ihm verriet, dass sie die Frage sehr wohl verstanden hatten und auch die Antwort kannten. Franziskus verstummte und unterließ es von da an, den Tieren zu predigen.

KURT MARTI

Rindergulasch. Vater und Sohn

„Wäre es nicht an der Zeit“, nimmt Clemens' Vater mit sanfter Stimme das Gespräch mit seinem Jüngsten auf, „nach einem geeigneten Beruf zu suchen?“

Clemens hatte zwei Semester Angewandte Freizeitwissenschaften studiert und anschließend sein Heil in einer ganzheitlichen Schamanenausbildung gesucht. Sorgfältig hört er in sich hinein. Schließlich sagt er: „Ich weiß nicht. Es ist nicht so leicht.“

Der Vater nickt verständnisvoll. „Wie wäre es denn mit Krankengymnastik? Da kannst du auch Menschen helfen.“

„Ich weiß nicht", sagt Clemens und das muss erstmal genügen.
Clemens' Vater hat ein großes Herz, einen zweiten Sohn namens Martin und ein kleines, aber florierendes Blumengeschäft. Den operativen Teil hat er mittlerweile Martin übergeben, so dass er selbst sich hingebungsvoll seinen acht Kugelfischen widmet, die sensibel auf Sonnenlicht und Räucherstäbchen reagieren. Insofern ist er insgeheim froh über das jähe Ende von Clemens' schamanischer Laufbahn.
„Vater", sagt Clemens zwei Wochen später in einem seltenen Moment von Entschiedenheit: „In einem Expertenforum habe ich eine dreistufige Weiterbildung zum oktogonalen Coach gefunden. Zum Einsteigerpreis von 23.000 Euro kann ich sofort beginnen."
„Ach", sagt der Vater und staunt, was es alles gibt. Dann überweist er die nötige Anzahlung, indem er eine Zusatzaltersvorsorge auflöst, während sein Sohn mit dem Auto zu seinem ersten Workshop aufbricht.
Martin klingt weniger begeistert, als er von den beruflichen Plänen seines Bruders hört. „Bist du verrückt, ihm für sowas Geld zu überweisen? Was soll das überhaupt sein?"
Sein Vater wiegt sanft das Haupt. „Vielleicht ist es das Richtige für ihn…"
„Und dein Auto? Hat er wenigstens gefragt?"
„Ach, das hat er in der Eile bestimmt vergessen." Die Blumen liefert er fortan mit dem Fahrrad aus. Etwas Bewegung tut sowieso gut.

Am 19. April kommt eine Mail von Clemens. Man habe ihm geraten, an einer rituellen Schwitzhüttenkur zur Burnout-Prävention teilzunehmen. Ob der Vater wohl Clemens' Anteil am Geschäft veräußern könne?

Martin bekommt Herzrasen. „Das wirst du doch nicht tun? Du wirst doch unser Geschäft nicht für die Sperenzien meines kindischen Bruders aufs Spiel setzen?"

„Wenn er es doch braucht…"

Eine Weile hören sie nichts von Clemens. Die Schwitzhüttenkur erwies sich als Flop, weil Clemens nach zwanzig Minuten einfiel, dass er Saunagänge noch nie mochte. Nach dieser Enttäuschung brauchte er dringend eine Aufheiterung, so dass er sich einer Goa-Party anschloss. Drei Tage später wachte er benommen in einem Rapsfeld auf. „Raps", flucht er. „Die stinkendste aller Pflanzen! Womit habe ich das verdient? Ach, wäre ich doch in Vaters Blumenladen geblieben, der würde mir jetzt wenigstens einen ordentlichen Kaffee kochen!"

Aber dann reißt er sich zusammen, weil er einsieht, dass es für einen Mann seines Alters wirklich an der Zeit ist, seinen eigenen Weg zu gehen.

Er bucht mit der Kreditkarte seines Vaters einen Flug nach Nepal, um dort aus der Bahn geworfene Jugendliche mit Rat und Tat zu unterstützen. Nepal stellt sich als schwül und wenig einladend heraus. Die Jugendlichen interessieren sich nicht für seine Lebenserfahrung (was auch mit Clemens' mangelhaftem Englisch zusammenhängen könnte). Stattdessen besteht seine Arbeit darin, Reis zu kochen und Klos zu putzen.

Clemens fühlt sich ausgebeutet und bittet seinen Vater um eine Expressüberweisung von zweitausend Euro. Das Geld geht zu einem großen Teil für den Rat eines in einschlägigen Traveller-Foren angesehenen Gurus drauf, der Clemens eine tiefe spirituelle Sehnsucht bescheinigt, die am besten durch ein Bad mit Delfinen zu stillen sei. Zufällig böte ein indischer Freund solche Bootstouren für nur zweihundertvierzig Dollar an. Clemens preist in einer seiner seltenen Mails die örtliche Hilfsbereitschaft, die gar nicht zu vergleichen sei mit dem westeuropäischen Misstrauen.

Clemens' Bruder tobt. Der Vater brüht ihm zur Beruhigung einen Tee aus selbstgetrockneten Melissenblüten. „Der Junge tut sich einfach schwerer als du. Der muss erstmal herausfinden, was er will."

„Vielleicht sollte er hier mal suchen. Bei der Arbeit", grollt Martin.

Am 23. Mai kommt ein Anruf von der deutschen Botschaft in Kathmandu. Man habe hier einen aufgelösten Deutschen, der beim Verkauf von Marihuana erwischt worden sei, was den örtlichen Behörden missfiele. „Ach Papa", schluchzt Clemens, „es ist so ungerecht! Dabei wollte ich doch nur eigenes Geld verdienen! Wäre ich nur zu Hause geblieben, da ist alles viel leichter!"

„Junge", sagt der Vater. „Komm mit dem nächsten Flug. Ich buche das Ticket."

Am 27. Mai steht Clemens braungebrannt im Blumenladen seines Vaters, der gerade einen Beerdigungskranz für Kunzes Hilde bindet. „Clemens", ruft er, „Junge! Gut, dass du wieder hier bist!“ Clemens’ Bruder teilt diese Sicht nicht so uneingeschränkt. „Weißt du eigentlich, wie viel Geld du verprasst hast?“ „Ach“, beschwichtigt der Vater, weil er keinen Streit zwischen den Brüdern mag. „Mutters Notgroschen – Gott hab sie selig! – haben wir ja noch. Ich koche dir erstmal einen schönen Kaffee. Und dann bestellen wir Rindergulasch beim Metzger. Du bist ja ganz schmal geworden!“

„Vater!“, ruft Martin empört. „Wann hast du für mich – oder für dich – zum letzten Mal Rindergulasch bestellt?“

„Aber Junge, wir beide sind doch auf dem Damm. Wir haben doch die Arbeit und das Geschäft und unsere Scrabble-Abende, und die Rosenzucht ist uns auch gelungen – aber dein Bruder? Der war verloren mit all dem Gedöns! Und immer nur Reis – das ist doch kein Leben! Gut, dass er heil zurück ist!“

„Namaste!“, sagt Clemens, um zu zeigen, dass er wirklich etwas gelernt hat.

NACH LUKAS 15

Denn er lässt seine Sonne aufgehen über Böse und Gute und lässt regnen über Gerechte und Ungerechte.

MATTHÄUS 5,45

Suchen. Die Frau und der Groschen

Gott ist eine Frau,
die kein eigenes Konto hat, nur ein bisschen Kleingeld in der Tasche.

Gott ist eine Frau,
die zum Besen greift und keine Angst hat vor Staub, Dreck und Kellerasseln.

Gott ist eine Frau,
die ein Licht anzündet, damit es hell wird,
auch in den dunkelsten Ecken.

Gott ist eine Frau,
die etwas verloren hat, und sich nicht die Schuld gibt,
und sich nicht beschimpft, und sich auch nicht schämt,
sondern tut, was getan werden muss –
die Ärmel hochkrempelt und sucht und sucht und nicht aufgibt zu suchen.

Gott ist eine Frau,
die den Pfennig ehrt.

Gott ist eine Frau,
die sich freut;
der keiner sagt: krieg dich mal wieder ein,
der keiner sagt: mehr Glück als Verstand gehabt,
der keiner sagt: verdient hast du's nicht.

Gott ist eine Frau,
die feiert, wenn es etwas zu feiern gibt,
und Freude teilt und Neid nicht fürchtet.

Gott ist eine Frau,
die 10 Cent hat und einen verliert,
und alles auf den Kopf stellt für diesen lächerlichen Cent,
der nicht lächerlich ist, sondern ihr Schatz,
und keiner sagt, du kannst nicht rechnen, lohnt doch nicht.

Suchen. Die Frau und der Groschen

Gott ist eine Frau,
die weiß, was sie will:
dem Unbedeutendstem
Bedeutung geben.

Eine Frau hat zehn Silbermünzen gespart. Eines Tages verliert sie eine. Zündet sie nicht sofort eine Lampe an, fegt in allen Ecken und sucht, bis sie diese eine Münze endlich findet? Und wenn sie sie gefunden hat, ruft sie ihre Freundinnen und Nachbarinnen zusammen: „Freut euch mit mir! Ich habe wiedergefunden, was ich verloren hatte!" Genauso freuen sich die Engel Gottes, wenn ein einziger Mensch sein Leben ändert.

AUS LUKAS 15

Außer sich. Josef und die Wollust

Der Tag als er kam, war ein Dienstag. Daran erinnert sie sich genau. Sie wollte gerade los zum Tennis, da stand Carl mit ihm in der Tür. Er trug ein leuchtend buntes Hemd. Aber keines von diesen Hawaiihemden, es hatte Stil. Sie weiß noch, wie sie sich später wunderte, woher er es hatte. In seiner Situation.

„Das ist Josef", sagte Carl. Josef lächelte, es war ein zurückhaltendes Lächeln und gleichzeitig war es gewinnend. Immer gab es bei ihm dieses Gleichzeitige. Sie dachte nicht sofort, dass sie ihn haben wollte. Das kam erst später. Eigentlich ärgerte sie sich über Carl, es war schon wieder so eine von seinen Ideen, bei denen er glänzen konnte und sie die Arbeit hatte.

Josef kam aus Ghana. Oder aus Gambia, sie konnte sich das nie richtig merken. Seine Geschichte klang verworren und sie wusste auch nicht, wie viel sie ihm glauben sollte. Man hörte damals so viel über erfundene Identitäten. Wenn sie ehrlich war, war es ihr auch egal. Sie hatte ihr eigenes Leben und das war nicht in der besten Phase. Carl und sie hatten einen Weg gefunden, friedlich zu koexistieren. Sie fand, so konnte man das wohl nennen. Ein Paar, wie sie es hätten sein sollen, waren sie nicht. Sie wusste auch nicht, warum das so war. Denn sie mochte Carl, sie würde sogar sagen, dass sie ihn liebte. Er war aufmerksam und genau genommen gefielen ihr diese verrückten Eingebungen wie die, Josef ins Haus zu bringen. In solchen Momenten war er wie ein verspielter junger Welpe. Man konnte ihm einfach nichts übelnehmen. Allerdings lag auch genau da das Problem: Welpen sind niedlich.

Bei Welpen denkt niemand an Sex. Carl hatte noch nie übermäßiges Interesse daran gezeigt. Wenn sie miteinander schliefen, taten sie es auf eine höfliche Art. Carl bedrängte sie nicht. Er schien auch keine besonderen Phantasien zu haben. Anfangs dachte sie, er sei zu schüchtern, aber nach und nach musste sie einsehen: Da war nichts. Schon damals tauchte manchmal der Gedanke auf, dass Carl schwul sein könnte, aber sie schob ihn schnell beiseite. Das durfte einfach nicht sein.

Carl: Das ist natürlich Unsinn. Ich mochte den Jungen. Er hatte etwas Aufrichtiges. Ich wollte ihm eine Chance geben, ich dachte, die hat er verdient. Und wo, wenn nicht bei uns? Das große Haus, der Garten, mehr Zimmer als wir brauchten. Er machte sich nützlich, wo er konnte. So ein gewissenhafter Bursche. Natürlich fiel mir auf, wie gepflegt er war. Und ja, mir gefiel das. Er duschte jeden Abend, er fragte sogar nach einem Bügeleisen für seine T-Shirts. Ich mag es, wenn Männer auf sich achten. Wenn sie nichts dabei finden, sich zu parfümieren. Bei uns wird man da gleich schräg angeguckt. Als sei man kein richtiger Mann. Das finde ich schade, ja, ich gebe zu: Ich finde das schade.

Genau das meinte sie. Carl wollte es schon immer allen recht machen. Es bedeutete ihm viel, was die Leute sagten. So viele Sachen waren ihm peinlich, irgendwann hatte sie es aufgegeben, ihn herauszulocken. Josef dagegen war ein Träumer. Er hatte so viele Ideen im Kopf, aber es waren keine naiven Ideen, sondern echte Visionen. Manche klangen ein bisschen größenwahnsinnig, kann sein, dass sie genau das anzog. Sie war zu diesem Zeitpunkt die blutleeren, mitteleuropäischen Durchschnittsmänner, die sich für alles entschuldigten, einfach so leid.

Dass sie Josef wollte, wurde ihr zum ersten Mal so richtig bewusst, als Carl unterwegs mit seinen Oldtimer-Freunden war. Josef arbeitete im Garten. Er hatte sein Hemd ausgezogen und trug eine Jeans, die seine Hüftknochen betonte. Wenn er nach der Schubkarre griff, konnte sie jeden Muskel sehen. Wie bei einer dieser Michelangelo-Statuen. Nur, dass er nicht aus Stein war. Auch sie war nicht aus Stein. Sie konnte nicht wegsehen. Sie wollte es auch nicht. In ihrem weißen Trägerkleid fühlte sie sich schön und sexy. Sie nahm all ihren Mut zusammen, ging direkt auf ihn zu und sagte: „Schlaf mit mir."

Josef: Nein. Ich habe nein gesagt, weil ich nicht wollte.

Sie war vor den Kopf gestoßen. Damit hatte sie nicht gerechnet. Welcher Mann sagte einfach nein – und warum? Bist du einer versprochen, fragte sie. Da sagte er wieder nein, das machte es noch schlimmer. Es war peinlich. Es war so richtig peinlich, eine Frau, die von einem Mann abgelehnt wird, hat etwas Erbärmliches, fand sie. Welcher Mann sagt nein, wenn er ja sagen kann?

Eine Freundin: Ich kenne sie schon lange. Eigentlich ist sie nicht so. Ich glaube, sie war wirklich verliebt und wollte sich das nicht eingestehen, weil das alles nur noch schlimmer gemacht hätte. Man kann ja nicht leugnen, dass ein Ungleichverhältnis bestand: das Alter, seine Herkunft, ihr Status. Der Diener verweigert sich. Nein, Entschuldigung, das meine ich nicht so. Ich nehme es zurück. Aber sie dachte wohl, nach all dem, was sie für ihn getan hatte, hätte sie ein gewisses Recht auf ihn. Vielleicht hat sie auch einfach Dankbarkeit erwartet oder, nun ja, es heißt doch, dass Männer immer Sex wollen. Er wollte nicht. Ich denke, sie hat wirklich gelitten. Er war ihr ja täglich vor Augen und trotzdem war er unerreichbar.

Sie dachte, vielleicht ist er es ja nur nicht gewohnt, dass eine Frau die Initiative ergreift. Sie gab ihm Zeit. Sie war sicher, dass da etwas war. Dass er mit ihr flirtete. Die langen Gespräche. Er gab viel von seinen Gedanken preis und fragte nach ihren. Sie suchte seinen Blick, seine Zurückhaltung deutete sie als Respekt. Und dann sein Aussehen: Dass er so darauf achtete, bezog sie auf sich. Für wen sonst sollte er sich so schön machen? Er kannte doch kaum jemanden hier.

Carl: Als sie schluchzte, Josef habe versucht, sie zu vergewaltigen, war ich entsetzt. Später wurde ich wütend, unglaublich wütend. Aber erst brach alles zusammen. Wie hatte ich mich nur so täuschen können? Wie hatte ich einen Fremden ins Haus holen können, allen Warnungen zum Trotz? Ich muss ehrlich sagen, für mich brach eine Welt zusammen. Ich weiß, das klingt theatralisch. Aber genau so war es. Eine Welt, in der jeder eine Chance verdient, eine Welt, in der das Gute siegt, wenn man ihm Raum gibt.
Sie stand kreidebleich vor mir, in ihren Händen das zerrissene Hemd, wie nach einem Kampf. Den Anblick werde ich nie vergessen. Mein Gott, was hatte ich ihr angetan?

Außer sich. Josef und die Wollust

Sie war außer sich. Sie hatte sich immer weiter in einen Film hineingesteigert, der in Endlosschleife in ihrem Kopf lief: Wie er sich über sie beugte. Wie ihre Zunge über seine Haut fuhr. Wie er seine Hände voller Leidenschaft in ihren Rücken krallte, sein Atem in ihrem Mund.

Sie war machtlos dagegen, das sagte sie sich immer wieder. Sie war sicher, dass ihre Lust sich in seinen Augen widerspiegelte, von Tag zu Tag fand sie neue Zeichen. Was man wirklich will, hatte sie irgendwo gelesen, das bekommt man auch. Also war sie in sein Zimmer gegangen, sie hatte nicht geklopft und er sah sie überrascht an. Diesmal sagte sie nichts, sondern griff nach ihm. Er schüttelte sie ab, sie erwischte sein Hemd, sein buntes Hemd, es riss, als er hinauslief. Und sie schrie auf wie ein verwundetes Tier.

Da stand Carl in der Tür, sie wusste nicht, wo er plötzlich herkam, es war viel zu früh. Sie stand schluchzend vor ihm und er tröstete sie. Er tröstete sie wie immer, der gute Carl, und sie stammelte, dass er versucht habe, sie zu vergewaltigen. Immer wieder sagte sie das, bis sie es beinah selbst glaubte.

Carl: Ich habe natürlich sofort die Polizei gerufen. Sie zitterte am ganzen Körper, das musste wohl der Schock gewesen sein. Vom Wohnzimmerfenster aus sah ich zu, wie sie ihn mitnahmen. Er schaute sich nicht mal um, irgendwie hatte ich gehofft, er täte es. Als könnte es etwas zurücknehmen.

Eine Freundin: Ich habe es in der Zeitung gelesen und wusste noch, wie ich dachte: Ob das nicht der Josef ist? Aber das konnte ich mir nach all dem, was gewesen ist, nicht vorstellen. Dass er ein Vergewaltiger ist, glaube ich eigentlich nicht. Vielleicht war es ein Missverständnis. Ich habe ihn ja gesehen. Ein so zarter Mann, fast überirdisch schön. Ich habe ihr immer wieder gesagt: Du kannst es nicht erzwingen. Vielleicht bist du nicht sein Typ. Vielleicht ist er schwul. Vielleicht ist er einfach loyal wegen Carl. Wenn er nicht will, dann will er nicht. Aber ich will, hat sie gesagt. Und er will auch, er weiß es bloß noch nicht.

Josef wurde wegen versuchter Vergewaltigung zu viereinhalb Jahren Haft verurteilt. Im Gefängnis verhielt er sich kooperativ und war bei seinen Mitgefangenen als Traumdeuter bekannt. Aufgrund einer durchweg positiven Gesamtprognose wurde er nach 2/3 der Haftzeit vorzeitig entlassen. Er kehrte nie in seine Heimat zurück, heiratete trotz beharrlicher Gerüchte über seine Homosexualität und wurde Vater von zwei Söhnen.

NACH 1. MOSE 39

Außer sich. Josef und die Wollust

Sein Gesicht schimmert
wie pures Gold.
Seine Locken sind schwarz,
voll und schwarz wie Raben.
Sein Leib gleicht einer Statue
aus Elfenbein.
Seine Schenkel sind
Marmorpfeiler,
seine Gestalt ist stattlich
wie mächtige Zedern.
Süß ist sein Mund
und alles an ihm ist Begehren.

AUS HOHESLIED 5

Und einige Frauen in der Stadt sagten: "Die Frau des 'Aziz verlangt von ihrem Burschen die Hingabe gegen seinen Willen; sie ist ganz verliebt in ihn. Wahrlich, wir sehen sie in einem offenbaren Irrtum."
Als sie von ihren Ränken hörte, da sandte sie ihnen Einladungen und bereitete ein Gastmahl für sie und gab einer jeden von ihnen ein Messer und sagte zu Yusuf: "Komm heraus zu ihnen!" Als sie ihn sahen, bestaunten sie ihn und schnitten sich dabei in die Hände und sagten: "Allah bewahre! Das ist kein Mensch, das ist nichts als ein edler Engel."
Sie sagte: "Und dieser ist es, um dessentwillen ihr mich getadelt habt. Ich habe allerdings versucht, ihn gegen seinen Willen zu verführen, doch er bewährte sich. Wenn er nun nicht tut, was ich ihm befehle, so soll er unweigerlich ins Gefängnis geworfen werden und einer der Gedemütigten sein."

DER KORAN, SURE 12, 30-32

Größer. Die Liebe

„Hans", sagt Hanne, als ihr Mann sich anschickt, den Fernseher einzuschalten. „Hast du schon mal über unseren Sohn nachgedacht?"
Hans überlegt kurz und ergebnislos, ob das eine Fangfrage ist. „Wie meinst du das, Liebes?"
„Er hat keine Freundin."
„Ach", antwortet Hans. Und weil das ein bisschen wenig ist, fügt er hinzu: „Das kommt schon noch."
„Er ist dreiundzwanzig! Da waren wir schon verheiratet!"

„Frag ihn doch“, schlägt Hans vor und hofft, damit zum gemütlichen Teil des Abends übergehen zu können. „Das machen wir“, stimmt Hanne zufrieden zu und Hans freut sich nur mittelstark auf dieses Gespräch.

Als die Familie am Wochenende bei Salbeignocchi und einem Glas sizilianischen Rotwein sitzt, fragt Hanne scheinbar beiläufig: „Frederick-Schatz, was machen eigentlich die Frauen? Hast du eine Freundin?“

„Nein“, antwortet Frederick ohne Umschweife, „keine Bestimmte.“

„Aber die Maja, die mochtest du doch immer gern?“

„Maja ist super“, nuschelt Frederick kauend. Gnocchi sind sein Leibgericht.

„Und die Sonja?“

„Auch“, sagt Frederick. „Im August wollen wir zusammen zelten.“

„Aha!“ Hannes Augen leuchten.

„Fritzi und Leo kommen auch mit.“

„Ach so ...“

Frederick fragt sich, warum er das Gefühl hat, dass seine Mutter enttäuscht ist.

Als Hanne sich abends im Bett die Hände eincremt, ist sie ungewöhnlich still. Schließlich fragt sie: „Denkst du er ist schwul?“

Hans sieht von seinem Buch auf. „Wer?“

„Unser Sohn!“

„Meinst du?“

Hans hat noch nie darüber nachgedacht. Er ist auch nicht sicher, ob er das jetzt tun möchte.

„Das Beste ist“, findet Hanne „wenn du ihn ganz offen fragst. Von Mann zu Mann.“ Hans ahnt, das Widerspruch zwecklos ist. Bei nächster Gelegenheit sagt er also zu seinem Sohn: „Deine Mutter möchte wissen, ob du schwul bist.“

Frederick überlegt einen Moment, dann antwortet er: „Ich denke nicht.“

„In Ordnung. Aber wenn es so ist, bring deinen Freund mit.“

„In Ordnung.“

Es geht doch nichts über ein ausführliches Gespräch, denkt Hannes zufrieden.

Die Tage vergehen. Hanne ist weiterhin schweigsam.

„Du machst dir zu viele Sorgen, Liebes.“

„Und du machst dir zu wenig Sorgen. Denk nur, wie traurig es wäre, wenn unser Sohn allein bliebe!“

Frederick, der den letzten Satz beim Hereinkommen mitgehört hat, nimmt seine Mutter in den Arm. „Ach Mama, ich bin doch nicht allein. Ich habe doch euch…“

„Das reicht doch nicht, Junge!“

Frederick wundert sich in letzter Zeit über seine Mutter. Sie wirkt so bedrückt. „Übrigens habe ich mich zu einem Seminar angemeldet. Vielleicht wäre das auch was für dich? Tai-Chi im Kloster. Du siehst, ich bin nicht allein.“

Plötzlich scheint Hanne alles klar: „Du willst Mönch werden!“

Aber Frederick möchte kein Mönch werden. „Auch, wenn es mir sehr gut im Kloster gefällt. Mir würde aber manches fehlen. Sex zum Beispiel.“

Hans hüstelt etwas unbeholfen, weil er nicht unbedingt über das Sexualleben seines Jungen reden will. Hanne dagegen wird blass. Nachdem Frederick gegangen ist, platzt es aus ihr heraus: „Da haben wir es! Er ist sexsüchtig! Deshalb will er sich nicht binden."

Hans sucht in Gedanken das Leben seines Sohnes nach Anzeichen für eine irgendwie geartete Sucht ab, aber er kann keine finden. Allerdings muss er zugeben, dass er seinen Sohn in letzter Zeit auch seltener gesehen hat. Seit er die Hunde hat, ist er sehr damit beschäftigt, Trockenfutter und Rinderohren zu kaufen und die beiden von seinen Baumwollsneakern fernzuhalten.

„Mein Gott, du hast Recht!", ruft Hanne. „Die Hunde! Er ist völlig vernarrt in die Hunde. Sowas gibt es. Küsschen hier, Küsschen da und plötzlich spielen Menschen gar keine Rolle mehr!"

Auch darauf angesprochen, kann ihr Sohn sie beruhigen: „Keine Angst, Mama", lacht er. „Morgen treffe ich Maja, am Wochenende grille ich mit den Jungs und dann habe ich ja noch meine WhatsApp-Gruppen."

„Kind", ruft Hanne und knibbelt nervös an ihren Nägeln (eine Angewohnheit, die sie eigentlich mit auslaufender Pubertät abgelegt hatte). „Das ist doch kein Ersatz!"

Frederick sieht sie überrascht an. „Ersatz? Wofür brauche ich denn Ersatz?"

„Für die Liebe!"

„Mama, das ist Liebe!"

„Das Internet?"

„Nein, meine Freunde. Und die Hunde. Und die Handballspiele. Ihr, Oma, die Leute im Park. Meine Doppelkopfrunde, Onkel Jürgen, Pater Maximilian. Ich liebe Maja und ich liebe Sonja, ich liebe auch Tim und Juli, obwohl wir uns höchstens einmal im Jahr treffen. Ich liebe mich, das übrigens auch, und ich liebe den kleinen Jon, wenn er glucksend nach seinem Teddy greift. Ich liebe es, mit Nick in der Laube zu sitzen, ich liebe diesen Kerl am Bahnhof, der immer grüßt und seine knautschige Mütze zieht. Ich liebe mein Leben!"

Dann muss Frederick erstmal Atem holen. Und danach ist es still.

Hanna sieht ihren Sohn an und ihr Blick ist ganz weich. „Ach", seufzt sie schließlich. „Eigentlich haben wir dich doch wunderbar hinbekommen." Und dem kann Hans wirklich nicht widersprechen.

ZU 1. KORINTHER 13

Was bleibt, sind Glaube, Hoffnung und Liebe.
Die Liebe ist die Größte unter ihnen.

1. KORINTHER 13,13

Ich möchte auch nur darauf hinweisen, dass es nicht darauf ankommt, viel zu denken, sondern viel zu lieben. Darum tut das, was am meisten Liebe in euch erweckt.

TERESA VON AVILA, (16. Jahrhundert)

Sich trauen. Jonatan und David

Bei den meisten dieser Geschichten erfährt man nie, was genau passiert ist. Sicher ist, dass Jonatan am Ende tot war und David nie drüber wegkam. Dass er ihm noch eine Menge hätte sagen wollen, aber dann war es zu spät. So wie es für manche Sachen ein Zuspät gibt, auch wenn gewisse Leute das Gegenteil behaupten. Kannst jeden Tag neu anfangen, sagen sie, und dann erzählen sie eine Geschichte von einem Achtzigjährigen, der nochmal Medizin studiert hat und dann als Chirurg Karriere machte. Alles Quatsch. Sowas gibt es einmal in tausend

Jahren und soll die Leute vertrösten, die sich nie trauen. Als er David zum ersten Mal sah, rann der Schweiß zwischen dessen Schulterblättern herab. Er hatte gerade einen Sprint hingelegt, der den Jungs von der Jury die Sprache verschlug. Die anderen hatten monatelang trainiert und waren gepimpt mit Eiweiß-Drinks und solchem Zeug. Und dann kam David und rannte ihnen einfach vor der Nase weg. Keiner kannte ihn. Keiner wusste, wo er herkam. Ein Kuhhirte, der nach Scheiße stank. Natürlich stank er nicht wirklich. Er roch nach Kamille und Wiesenkümmel und nach Milch und der ganzen Weite der Wiesen da oben, wo er sich auskannte, wie in seiner Hosentasche.

All das wollte Jonatan kennenlernen. Vom ersten Augenblick an war ihm das klar. Obwohl er in einer anderen Liga spielte. Seine Hände waren weiß. So weiße Hände hatte David noch nie gesehen. Seine Kumpels schraubten Autos oder deckten Dächer, aber Jonatan brauchte nicht zu arbeiten. Er war Sohn. Es gelang ihm nicht, auf David herabzusehen, wie er es eigentlich hätte tun sollen. Er liebte ihn vom ersten Augenblick, und weil er sich mit sowas nicht auskannte, war er ausgeliefert.

Davids Sieg machte die Runde wie eine Horde aufgescheuchter Bullen. Jeder wollte ihn, aber Saul bekam ihn. Jonatans alter Herr. Er war so eine Art König der Leichtathletik. Zog Strippen, bestimmte, wo es langgeht. Er ließ David an seinen Tisch holen, noch bevor sein Schweiß getrocknet war. Wo er herkomme, wer ihn trainiert habe, welchem Verein er angehöre. David hatte nichts vorzuweisen, außer, dass er wusste, wie man mit einer Kuh umspringt und wie man eine Gitarre zum Klingen bringt. Seine Stimme ließ die Mädchen dahinschmelzen. Sie hingen an seinen Lippen, und wenn er sie ließ, küssten sie ihn.

Beim Essen wurde ordentlich aufgetischt. Nach dem dritten Klaren meinte Jonatans Vater, nun solle er ihn mal Saul nennen. Jonatan neckte ihn, und David wunderte sich, dass er es sich gefallen ließ. Er genoss es sogar. War sonst nicht seine Art. Er wusste auch nicht, was ihn ritt, plötzlich zu sagen: „Komm mit. Wenn du keine Angst hast, deine Hände schmutzig zu machen, dann zeig ich dir mein Reich." „Hab ich nicht", sagte Jonatan.

Am Wochenende schulterten sie ihre Rucksäcke, Jonatan bemühte sich, mitzuhalten, aber sein Schnaufen war schon fünfzig Meter im Voraus zu hören. Der Weg war nicht mehr als ein Trampelpfad, manchmal schien er ganz zu verschwinden. David wusste, wohin. Als sie oben ankamen, kreiste ein Adler über der Wiese und die Welt war verschwunden.

„Hier", sagte David. Dann fiel ihm nichts mehr ein. Sie sahen sich an, einen Tick zu lang, um noch irgendwas Beiläufiges fallen zu lassen oder einen Witz zu machen, über den sie dann erleichtert hätten lachen können. Jonatan zog den Mantel aus, als wär's eine Rüstung. Dann legte er sein Hemd ins Gras und schließlich hakte er den Gürtel auf. David schluckte, konnte aber auch nicht wegsehen. Sie sprachen kein Wort, weil es nichts zu sagen gab.

Als sie am nächsten Morgen zurückkamen, fing ein neues Leben an. Saul nahm David unter seine Fittiche: „Du bleibst jetzt hier. Aus dir mache ich was.“ So fing David an, für Saul zu laufen und gewann ein Rennen nach dem anderen und die Kühe und die Wiesen wurden schnell Vergangenheit. Er lernte, für die Kamera zu lächeln, sein Blick war verwegen und dennoch ein wenig schüchtern, die Mädchen mochten das. Er ließ ein paar von ihnen ran, hatte ja jetzt die freie Auswahl, aber mit keiner fing er was Richtiges an. Seine Augen suchten Jonatan, obwohl er das nicht zugegeben hätte. Er lief schneller, wenn er wusste, dass Jonatan ihm zusah, ließ seine Muskeln spielen und leuchtete. Einmal kam Jonatan rein, als David sich gerade umzog. „Gute Leistung“, sagte er. „Geht noch besser“, wiegelte David ab, obwohl er wusste, dass er gut gewesen war. Plötzlich war er befangen. Sie fachsimpelten ein bisschen über Schuhe und Zeug, als Jonatan einen Schritt nach vorn machte und seinen Kopf an sich zog. Scheiße, dachte er, ist das schön. „Ich liebe dich“, flüsterte Jonatan, „mehr als mein Leben.“

Sie rissen sich los, knufften einander in die Seite, lachten dröhnend und fingen an, über die nächsten Wettkämpfe zu sprechen, als sei nichts gewesen. Aber er vergaß nicht, was Jonatan gesagt hatte. Was einmal raus ist, kann man nie mehr zurücknehmen.

Dann begann Saul, von der Sache Wind zu bekommen. Er beobachtete sie und merkte, dass da was lief. „Junge“, sagte er zu David, „wird Zeit, dass du dir ’ne Frau aussuchst. Meine Kleine hat ein Auge auf dich geworfen." Er zwinkerte dabei auf eine Art, dass David nicht wusste, wo er hingucken sollte. Obwohl er nichts dagegen hatte zu heiraten. Einmal musste es ja sein. Warum nicht Michal? Er fand sie süß, außerdem war er sowieso nicht viel zu Hause. An den Wochenenden lief er seine Wettkämpfe und gewann. Trainingslager und Interviews wechselten sich ab. Längst war aus dem Wunderkind ein Star geworden. Er genoss es und gewöhnte sich daran, in ganzen Sätze zu sprechen und seine Fingernägel sauber zu halten.

Wenn er zurückkam, suchte er als erstes Jonatan. Saul sah das und hasste es. „Was hat er dir getan?", fragte Jonatan. „Du hast ihn doch zu dir geholt. Er siegt für dich. Worauf bist du zornig?" Saul riss sich zusammen, wusste aber sehr wohl, worauf er zornig war. Wenn nur endlich Kinder da wären, dachte er. Aber Michals Bauch blieb flach, er verfluchte sie innerlich: Die einzige Aufgabe, die du hast, erledigst du nicht. Er gönnte sich zwei Fingerbreit Irish Grain, aber seine Stimmung wurde nicht milder. Verdammt, dachte er, warum hat Jonatan gar keine eigenen Ambitionen? Er hätte gefeiert werden sollen, wozu hat er ihn all die Jahre aufgebaut? Dann kommt so ein Kuhhirte und bringt alles durcheinander. Jonatan versuchte seinen Vater zu beruhigen, so gut es ging. Aber er ahnte: Lange wird das nicht mehr gut gehen. „Du siehst Gespenster, mein Freund", spottete David mild, „dein Vater liebt mich." Ich liebe dich, dachte Jonatan. „Pass ein bisschen auf, hörst du? Kann nie schaden.“ Er senkte seine Stimme: „Ich will alles für dich tun, das weißt du.“ Er machte eine Pause. „Komm, wir gehen hoch auf die Wiese.“

Sie waren ewig nicht mehr dort gewesen. David war viel unterwegs. Im nächsten Jahr würde er bei den Olympischen Spielen mitlaufen, außerdem hatte er einen Werbevertrag für eine Zahnpastafirma unterschrieben. Trotzdem fanden seine Füße den schmalen Pfad von selbst. Als sie den Adler sahen, nahm Jonatan das als Omen: Alles wird gut. Sie suchten sich einen Platz am Bach, hatten die Angel mit hochgebracht, vielleicht würden sie ein paar Forellen fangen.

David zog sein Hemd aus, legte sich quer über die Wiese und seufzte behaglich. „Lang nicht mehr nichts gemacht.“ Der Himmel trieb ein paar Wolken vor sich her. „Komm“, rief David, „leg dich zu mir, es ist herrlich!“

Jonatan war unruhig. „Lass uns einen Bund schließen“, sagte er plötzlich. Seine Mundwinkel zitterten, dass David sich aufrichtete. „Schwör mir, dass du mich liebst. Egal, was geschieht.“ Was soll schon geschehen, wollte David fragen, aber er ließ es bleiben. Er schwor bei seinem Leben.

Als sie zurückkamen, sah Saul sofort, dass etwas passiert war. „Ihr macht mir nichts vor“, schrie er und zitierte Jonatan in sein Büro. „Glaubst du, ich bin blind? Glaubst du, ich sehe nicht, wie dir der Kuhhirte den Kopf verdreht? Wie du ihn auserkoren hast für deine ekelhaften Gedanken? Bei deiner Mutter – eine Schande ist das! Aber jetzt ist Schluss. Ein für alle Mal ist Schluss, wenn du es nicht selber tust, werde ich schon dafür sorgen, dass mein Sohn sich nicht lächerlich macht!"

Er verkaufte David an einen anderen Verein und erzielte einen hohen Preis. Die Zeitungen feierten es als Coup des Jahres. Der Tag des Abschieds kam schnell. Am Abend ging David in Jonatans Zimmer. „Schätze, wir müssen Lebewohl sagen", murmelte er. Jonatan saß am Schreibtisch. Irgendwas war mit seinen Beinen, er wollte aufspringen, aber es gelang ihm nicht. Wollte schreien: Nein, du musst das nicht tun. Lass uns abhauen. Aber er schwieg. David schwieg auch. Sie küssten sich salzig und David weinte am allermeisten.

In der Früh stieg er ins Flugzeug, winkte den Presseleuten zu und war weg.

Der erste Monat war hart. Jonatan schnitt jede Zeitungsmeldung über David aus, er begann mit halbem Eifer wieder selber zu trainieren, heiratete, zeugte einen Sohn, der humpelte, und starb an einem Montagmorgen bei einem Trainingslauf, ohne dass die Ärzte eine überzeugende Ursache für seinen Tod fanden.

David erfuhr einen Monat später zwischen zwei Wettkämpfen davon. Er sagte alle Läufe ab, schaltete sein Handy aus und flog nach Hause. Er fand ein geharktes Grab und sonst nichts. An einer Tankstelle kaufte er zwei Bier, einen Block, auf dem ein Einhorn und alberne rosa Herzchen prangten und einen Kugelschreiber. Dann legte er noch einen Schokoladenriegel dazu, zahlte, stopfte alles in seine Tasche und fuhr raus aus der Stadt bis zu dem Parkplatz, an dem der schmale Pfad begann. Als er oben ankam, roch er Kamille. Er sah Jonatans Gesicht vor sich, dass es in seinen Eingeweiden riss. Er hielt seinen Kopf in den Bach, dann holte er den Block raus und schrieb: „Geliebter, du fehlst mehr als alles. Ich hab dich genossen, ich bete, dass du das wusstest in jeder Sekunde. Deine Liebe ist mir wundersamer als Frauenliebe gewesen." Er faltete den Brief zwei Mal und legte ihn unter einen Stein. Vielleicht würde ihn jemand finden, ein anderer Liebender, der mehr Mut haben wird.

NACH 1. SAMUEL 18–20 UND 2. SAMUEL 1

HINGEBUNG (1974)

Wie der Sommer kommt!
Die Abende sind warm und lang.
Ich bin ganz ruhig. Wir sitzen im Gesträuch
Reden uns aus uns heraus.
In seinen Gedanken plötzlich
Finde ich meine.
Die Wiesen liegen in ihrem Duft
Der strömt durch uns durch.
Die Bäume stehen in seltsamen Gruppen
Wie Liebende. Sie werden ganz dunkel.
Ich küß ihn, er küßt mich vom Fuß zur Stirn
Meinen ganzen Leib
Nehm ich nun ein.
Alle Natur
Ist mit dem gleichen beschäftigt.
Das zu denken ist schön.
Ich geb mich ihm hin
Und gehör doch mir. Nach meinem Sinn
Geht nun mein Tag.

VOLKER BRAUN

Im Spiegel. Paulus und Saulus

Paul,
ich mache es kurz: Ich bin ein Idiot. Ich kotze mich selber an, und ich sage das nicht, um deinen Widerspruch zu hören. Ich schaue in den Spiegel und sehe einen hässlichen, wütenden Mann, dem das Leben etwas schuldet. Ich habe mich bemüht, alles richtig zu machen. Ich war der Musterschüler, der Moralapostel, unnachgiebig und verbissen. Ich wollte nach den Regeln spielen, als Besserwisser habe ich alle besiegt. Paul, du kennst mich. Die Regeln sind gesetzt. Und dann kommen welche, die

sagen: Nicht für uns. Wir machen es anders. Sie nehmen sich eine Freiheit, die ihnen nicht zusteht. Nicht mal, dass sie die Regeln ändern wollen. Nein, sie setzen sich einfach darüber hinweg. Sie beschließen: Unsere Regel heißt Liebe. Wie kommen sie dazu? Was gibt ihnen das Recht, an jahrtausendalten Grundfesten zu rütteln? Sie sind bar jeder Logik. Sie berufen sich auf wenig anderes als auf ihr Gefühl. Ihr Gefühl! Sag mir, wozu habe ich mein ganzes Leben geopfert, all die Nächte, in denen ich um Recht und Wahrheit gerungen habe – was nützen sie? Wer rechnet sie mir an?

Ich habe mich blenden lassen. Das ist das Schlimmste, ich habe mich blenden lassen von der Folgerichtigkeit meines Verstandes. Ich bin hart wie ein Stein. Wer liebt einen Stein? Du kannst über mich lachen, weil ich auf einmal von Liebe rede. Widersprich nicht – du weißt so gut wie ich selbst, dass ich gefürchtet werde. An guten Tagen geachtet. Aber geliebt? Auf diese Idee käme niemand. Ich war sogar stolz darauf.

Was wirst du jetzt von mir denken? Du wirst denken, was für ein jämmerlicher Kerl ich bin. Du musst dich schämen für meine Schwäche. Ich bin ein Waschlappen, der am Boden liegt. Hingeworfen durch eine einzige, einfältige Frage: „Warum bekämpfst du mich?" Sie kam aus dem Nichts. Sie traf mich aus heiterem Himmel. Als ich am allerwenigsten damit rechnete, zog sie mir den Boden unter den Füßen weg.

Du fragst, wessen Stimme es war? Ich kann dir keine befriedigende Antwort darauf geben. Ich weiß es nicht.

Aber sie traf mich ins Mark. Sie stellte alles, was mich bisher ausgemacht hat, infrage. Alles Denken hilft nicht gegen den Zweifel, den sie gesät hat. Er ist viel größer, viel umfassender als alle Zweifel, die ich gelernt habe, zu widerlegen. Er folgt mir auf Schritt und Tritt, er lässt nicht locker: Was tust du hier?
Seitdem sehe ich schwarz.
Ich kenne mich selbst nicht mehr. Ich bin ein Nichts. Alles, was mich ausgemacht hat, alles, was mich zu dem gemacht hat, der ich bin, ist verschwunden. Mein ganzer Verdienst erscheint mir lächerlich. Und bitte, rede jetzt nicht von einer Midlife-Crisis. Sag nicht, das sei normal. Das ist es nicht. Es ist viel, viel größer.

Saul,
um 15 Uhr 36 wurde ich geboren. Auf einer staubigen Landstraße bin ich aufgestanden.
Das Licht war hell. So hell, dass es mich blendete. Ich sah einen kleinen zornigen Mann mit krummen Beinen und Schaum vorm Mund. Er tat mir leid. Er war maßlos. Alles wollte er richtig machen. Alles wollte er durchdringen. Alles sollte Gesetz sein. Es ging immer um alles bei ihm. In seiner Stärke war er schwach. Ich hasste ihn und ich liebte ihn.
Denk nicht, ich sei jetzt ein anderer. In so vielen Nächten wünschte ich, du würdest verschwinden wie ein schlechter Traum am Morgen. Du hast bekämpft, was ich liebe. Du hast beschimpft, was ich lobe, du hast gehasst, was ich zulasse. Du wolltest töten, was ich jetzt lebe.

Aber du bleibst, dein Eifer, deine Unbedingtheit und die Schärfe deiner Gedanken, nur deinen Hass habe ich verloren. Wir gehören zusammen, und wir werden den Rest unseres Lebens zusammen verbringen. Ich trage dich mit mir herum. Ich lebe mit dir. Aber anders, als du es getan hast.
Ich weiß, dass ich nichts bin, aber ich weiß auch, dass ich alles bin. Du könntest mir alle Wörter nehmen, alles Wissen, alles Denken, meinen Füller könntest du nehmen, dieses Buch, du könntest meinen Namen nehmen, meine Stärke, mein Leben –
und dennoch bliebe ich.
Ich bin frei. Das nenne ich Gnade. Wenn du verstehst, was ich meine.
Gnade ist, um 15 Uhr 36 auf einer staubigen Landstraße zu stehen und das Leben fängt nochmal an.
Gnade ist, Sieger zu sein, obwohl man verloren hat.
Gnade ist, jeden Tag einen Brief zu bekommen, obwohl man nie zurückschreibt, jeden Tag zu lesen: Ich liebe dich – und es ertragen zu können.
Gnade ist, in den Spiegel zu schauen und ein schöner Mensch schaut zurück.
Gnade ist, immer wieder auf Start zu stehen, obwohl man kein einziges Ziel erreicht hat.
Gnade ist Erleuchtung, obwohl du nicht mal ein Streichholz hast.

Saulus tobte mit Drohen und Morden gegen alle, die an Jesus glaubten. In der Nähe von Damaskus blendete ihn auf dem Weg plötzlich ein Licht. Er stürzte zu Boden und hörte eine Stimme: „Saul, was verfolgst du mich?“ „Wer bist du, Herr?“ „Ich bin Jesus, den du verfolgst.“ Saul richtete sich auf. Er öffnete die Augen, aber er konnte nicht sehen.
Drei Tage war er blind, aß und trank nichts. Da erschien der Herr einem Jünger namens Hananias: „Geh und frage nach Saulus von Tarsus. Er hat in einer Erscheinung einen Mann namens Hananias gesehen. Der kam zu ihm und legte die Hände auf, damit er wieder sieht.“ „Herr, ich habe gehört, wie viel Böses er deinen Heiligen angetan hat.“ Doch der Herr sagte: „Geh nur.“ Hananias ging zu Saul: „Bruder, der Herr hat mich gesandt, Jesus, der dir auf dem Wege erschienen ist. Du sollst sehen und erfüllt werden von heiliger Geistkraft.“ Da fiel es Saul wie Schuppen von den Augen, und er konnte wieder sehen. Er, stand auf, ließ sich taufen, aß und stärkte sich. Schon bald predigte er in den Synagogen von Jesus, dass dieser Gottes Sohn sei. Alle, die das hörten, waren sehr erstaunt: „Ist das nicht der, der alle vernichten wollte, die diesen Namen anrufen?“

NACH APOSTELGESCHICHTE 9

Fange damit an, dass du über dich selbst nachdenkst, damit du dich nicht selbstvergessen nach anderem ausstreckst. Was nützt es dir, wenn du die ganze Welt gewinnst und einzig dich verlierst? Denn wärest du auch weise, so würde dir doch etwas zur Weisheit fehlen, solange du dich nicht selbst in der Hand hast.

BERNARD VON CLAIRVAUX

(12. Jahrhundert)

Gesehen. Hagar und der Engel

„Dann geh doch zu deinem Liebling! Glaubst du, ich sehe nicht, wie du sie ansiehst? Die macht dir schon ein Kind!“ So fing es an. Der Satz war nicht für mich bestimmt. Aber ich hörte ihn. Wie ich alles höre. Auch das, was sonst niemand mitbekommt. Besonders das.

Ihr Name war Hagar. Sie war eine Art Au-pair. Sara nannte sie „Süße“, wenn sie gut gelaunt war. Süß war Hagar in meinen Augen nicht unbedingt. Eher aufgeweckt. Sie hielt sich nicht zurück, wenn man bedenkt, dass sie Gast war. Wenn auch ein arbeitender Gast. Ich nehme an, dass sie eigentlich für die Kinder da sein sollte. Nur, dass es noch keine Kinder gab. Das war der wunde Punkt. Sara hatte das Südzimmer schon vor Jahren mintgrün gestrichen. Alles war bereit. Aber sie wurde nicht schwanger. Bram wollte Kinder. Er sprach nicht viel darüber, er ging einfach davon aus, dass sie welche haben würden. Am liebsten viele. Zu seinem Selbstverständnis gehörten Kinder. Im Plural. Auf sie sollte Hagar aufpassen. Jetzt bügelte sie eben und kochte. Bram war kein besonders romantischer Ehemann. Er war zuverlässig und pflichtbewusst, aber er blieb merkwürdig distanziert. Dabei war Sara eine Schönheit. Nicht, dass das ausschlaggebend wäre. Aber es gab zu der Zeit viele Männer, die sie mochten. Trotzdem hatte sie sich Bram ausgesucht. Sie liebte ihn und litt unter ihm.

Sara lief in ihr Zimmer und warf die Tür zu. Bram nahm ein Buch und dachte an das Mädchen. Es berührte etwas in ihm.

Ich glaube, zwischen den beiden war schon lange etwas, das nicht zu greifen war. Hagar hatte etwas Wildes und etwas Unmittelbares. In ihrer Gegenwart fühlte Bram sich erkannt. Trotzdem hätte er nie seine Ehe aufs Spiel gesetzt. Das nicht. Als sie anfingen, miteinander zu schlafen, redete er sich ein, dass es ja eigentlich Saras Idee war. Und es tat ihrer Beziehung gut. Bram war entspannter und aufmerksamer. Hagar und er trafen sich in der Mittagspause oder wenn Sara mit ihren Freundinnen unterwegs war. Sie hatten ihre Orte. Bram gab sich keine große Mühe, die Sache zu verheimlichen. Dennoch wollte er Sara nicht absichtlich verletzen. Ich glaube, er nahm an, dass sie insgeheim einverstanden war. So machte er es sich in der Vorstellung bequem, dass es für sie alle eine gute Lösung war.

Dann wurde Hagar schwanger. Das brachte die Dinge ins Wanken. Der Streit war laut und heftig. „Du wolltest es doch so!“, schrie Bram. Diesmal schlug er die Tür hinter sich zu. Sie würde sich schon wieder beruhigen. Schließlich war ein Kind zu ihnen unterwegs. Das war die Hauptsache. Und neun Monate waren genug Zeit, damit sich alle an die neue Situation gewöhnen.

Hagar veränderte sich. In dem Maß, wie ihr Bauch an Umfang gewann, gewann auch ihr Selbstbewusstsein. Aus dem Wildfang wurde eine Frau, die wusste, was sie wollte. Immer öfter wehrte sie sich gegen Saras Attacken. Sie hatte etwas, das Sara nicht hatte. Das gab ihr Macht.

Das war der Zeitpunkt, an dem ich begann, mir ernsthaft Sorgen um sie zu machen. Denn Sara war nicht der Typ Frau, die das über sich ergehen ließ. Sie war die Erste. Wenn sie schon nicht die Einzige war, dann wenigstens die Erste. Bram sollte Hagar zurechtweisen. „Ich habe dieser Affäre schweigend zugesehen“, rief Sara, „jetzt sorge gefälligst dafür, dass sich dieses Mädchen nicht so aufführt, als sei sie hier die Frau im Haus.“ Bram sah von seinem Buch auf und brummte: „Regelt das unter euch.“ Er hatte nicht vor, sich in das Frauengezänk einzumischen.

Sara sagte ein paar unschöne Dinge zu Hagar. Nach außen mochte Hagar zwar stark wirken, aber ich sah, wie sehr sie die ganze Situation quälte. Sie lief davon. Eines Abends packte sie das Nötigste in ihren kleinen Rucksack. Sie hatte keinen Plan, sie wusste überhaupt nicht, wohin. Sie kannte ja auch kaum jemanden – und wenn, dann nicht gut genug, um mit ihren Siebensachen vor der Tür zu stehen. Ich folgte ihr. Ich konnte sie nicht allein lassen, und als sie mitten im Nirgendwo zusammenbrach und weinte, setzte ich mich neben sie.

„Hagar", sagte ich. „Wo kommst du her und wo willst du hin?" „Weg", schluchzte sie, „ich will nur weg." Ich verstand sie kaum. Aber ich hörte auch das Ungesagte.

„Geh zurück." Ich versuchte, meine Stimme so sanft wie möglich klingen zu lassen. Trotzdem brach es mir fast das Herz. Ich weiß, dass der Satz eine Zumutung war.

„Du wirst noch viele Kinder bekommen. Einen anderen Mann lieben. Das ganze Leben liegt noch vor dir." Ich weiß, es klang wie eine Vertröstung.

„Hagar", begann ich ein drittes Mal. „Du bist schwanger. Du bekommst ein Kind. Du musst jetzt an dich und an das Kleine denken. Alles andere zählt nicht." Leiser sagte ich: „Glaub mir, ich sehe, wie du leidest. Und Gott sieht es auch."

Da schaute sie auf. Überrascht. Sie tat etwas, was noch niemand vor ihr getan hatte: Sie gab Gott einen Namen. „Mein Augapfel", sagte sie. Jetzt war sie mit ihm auf Du. Ich staunte über ihren Mut und schloss sie noch tiefer in mein Herz.

Sie brachte für Bram einen Jungen zur Welt. Sie nannte ihn Ismael. Er war wild und wach wie sie selbst. Sie lebten zu viert in Brams Haus und mit der Zeit stellte sich eine fragile Balance ein. Bram liebte seinen Sohn. Ihm konnte er seine Liebe zeigen. Er spielte mit ihm, er kitzelte ihn, er lachte viel. So oft es ging, alberte er mit ihm herum. Zum ersten Mal entdeckte ich echte Hingabe an Bram. Es schien, als habe er seine Bestimmung gefunden. Er war Vater.
Alles hätte so bleiben können.
Aber dann wurde Sara schwanger. Niemand hätte mehr damit gerechnet, am wenigsten Bram. Er hatte angenommen, dass sie längst nicht mehr blutete. Ihr Haar war schon grau. Sara blühte auf. Sie freute sich wie ein junges Mädchen. Bram bekam Angst um Ismael, Angst um diesen Sohn, der ja eigentlich eine Art Ersatz war. Sara sagte: „Wer zuletzt lacht ..." und Hagar bekam auch Angst. Dass alles wieder von vorne anfangen würde.
Aber es ging gut. Erstaunlich lange. Die beiden Kinder wuchsen als Brüder auf. Alle fanden, sie seien wirklich ein gelungenes Beispiel für eine Patchworkfamilie, die funktioniert. Ich sah, dass es nicht funktionierte. Aber es hielt eine ganze Weile, bevor es brach.
Wieder war es Sara, die es nicht aushielt. Ich glaube, sie konnte es einfach nicht ertragen, dass das jetzt die Realität sein würde. Eine Familie, die ganz anders war, als sie es sich gewünscht hat. Jedes Mal, wenn sie die beiden Jungs zusammen spielen sah, spürte sie einen Stich. Irgendwann war ihr Herz ganz durchlöchert. „Schaff

diese Frau und ihr Kind fort! Oder ich nehme den Jungen und gehe selber." Bram wollte nicht. Er wollte Ismael nicht verlieren, aber er sah, dass er keine Chance hatte. Sara meinte es ernst. Die eigene Frau schickt man nicht fort, schon gar nicht mit einem Kind. Also musste Hagar gehen. Bram gab ihr Geld, damit sie die erste Zeit überbrücken konnte. Ismael schmierte er drei Butterbrote. „Hier", sagte er. „Für unterwegs." Dann drehte er sich um, damit er nicht weinte.

Hagar stand wieder vor dem Nichts.

Aber ich war da. Ich würde immer da sein.

Ich fand sie in Zimmer 307 im Hotel „Imperator". Ismael schlief zusammengerollt, sein Kopf lag im Schoß seiner Mutter.

„Warum bist du so verzweifelt?", fragte ich und nahm ihre Hand. „Dein Augapfel ist da…erinnerst du dich?"

Sie nickte. Aber es schien sie nicht zu trösten. „Warum muss es so sein? Habe ich all die Jahre verschenkt?"

Ich sah zu dem schlafenden Kind. „Hast du nicht."

Sie nickte wieder. Dann schwieg sie lange, und ich dachte schon, auch sie sei eingeschlafen. „Hat er mich geliebt?", fragte sie plötzlich. Ich zögerte. „Auf die Weise, die ihm möglich war."

„Niemand liebt mich", sagte sie bitter. Ich verstand sie.

„Ich liebe dich", sagte ich trotzdem.

Auch wenn ich wusste, dass es nicht das ist, was sie meint.

1. MOSE 16–18 UND 21

Denn Gott hat ihren Engeln befohlen,
dass sie dich behüten auf allen deinen Wegen,
dass sie dich auf Händen tragen
und du deinen Fuß nicht an einen Stein stoßest.
Über Löwen und Ottern wirst du gehen
und junge Löwen und Drachen niedertreten.

PSALM 91, 11–13

Strohhalm. Judas

An dem Tag, als ich euch traf, schien die Sonne.
Sie tauchte euch in Gold.
Ihr hattet ein Huhn dabei. Ich sah, wie ihr es kochen würdet. Einer würde die Möhren klein schneiden, und ihr würdet einander den Löffel hinhalten, um zu schmecken, ob noch Salz fehlt. Ihr würdet lachen, auf diese leichtfüßige Art, wie es Freunde tun, die keine Zwischentöne fürchten.
Ich folgte euch. Ich ging einfach hinter euch her, wohin ich eigentlich wollte, habe ich vergessen. An diesem

Morgen wurde es unwichtig. So kannte ich mich nicht. Eigentlich hatte ich immer einen Plan. Eigentlich war ich damals sicher in so ziemlich allem. Ich hatte viel zu tun. Geschäfte warteten auf mich. Ich ging meinen Pflichten nach. Der Tag war ein engmaschiges Netz. Es hielt mich. Ihr wart anders. Bei euch gab es kein Netz und keinen doppelten Boden. Ihr wirktet auf mich wie Seiltänzer ohne Seil. Ihr hieltet euch gegenseitig. Einer die andere. Alle einen. Ihr schient frei von Pflicht, und ihr wirktet so selbstsicher darin.

Ich wollte zu euch gehören.

Ich sah, wie ihr in ein Haus gingt. Eine Frau begrüßte euch überschwänglich. Dann schloss sich die Tür. Wie gern hätte ich einen Fuß hineingestellt. Noch traute ich mich nicht.

Als ich dann wirklich zu euch gehörte, begann die beste Zeit meines Lebens.

Alles geriet ins Wanken. Ein Sturm fegte durch meinen Alltag. Ihr risst mich mit. Ihr habt mich befreit vom Müssen, Sollen, Dürfen. Es war, als hätte ich die ganze Zeit draußen vor meinem Leben gestanden. Ihr habt die Tür geöffnet. Plötzlich war ich drinnen.

Ich ging immer seltener nach Hause. Vater und Mutter sorgten sich. Ich versuchte, ihnen zu erklären. Ich dachte, sie würden verstehen, wenn sie IHN kennenlernen. Einmal kamen sie. Vielleicht erinnert ihr euch: Das Haus war übervoll. Lachen strömte zu den Fenstern hinaus. Ich lief meinen Eltern entgegen und als mich Vaters Blick traf, sah ich, wie es auf ihn wirkte. Verrückt.

Und das war es auch. Ihr habt mein Leben verrückt. Ihr habt mir gezeigt, wie das geht, alles zu prüfen. Ihr habt euch nicht davor gefürchtet, dass etwas nicht bestehen könnte. Loszulassen war eure tägliche Übung. Ich wurde ein eifriger Schüler.

Ihr wolltet eine neue Welt bauen, und ich wollte zum ersten Stein greifen. Keine Sekunde zweifelte ich, dass es gelingen würde. Alles ist möglich, sagte ER, für die, die daran glauben. Ich glaubte.

Ich traute uns alles zu.

Wir scheuchten die Geister fort.

Wir hungerten uns satt.

Dann wurde es Herbst. Mein Bild bekam die ersten Risse. Sie waren fein. Man konnte sie leicht übersehen.

Wir begannen, zu streiten. Erst waren es nur kleine Spitzen. Wer sich um das Essen kümmert. Oder um einen Schlafplatz. Wir stritten um Geld. Was wir brauchten und was nicht. Alltagsdinge eben. Kleinkrämerisches Gerangel. Dann fingen wir an, uns zu messen. Wer der Größte sei. Wen ER am liebsten habe. Einmal, als wir schon einige Flaschen Wein getrunken hatten, feilschten wir darum, wer im Paradies neben IHM sitzen würde.

Wir waren wie Kinder. Trotzdem konnten wir nicht aufhören.

Ich schämte mich für uns und verstand mich selber nicht.

Meine Liebe für IHN war maßlos. Ich hing an seinen Lippen. Was ich in ihm sah? Einen Revolutionär. Einzigartig und mit einer Vollmacht ausgestattet wie kein

anderer. Ihm traute ich zu, den Himmel ins Wanken zu bringen.
Ich hätte alles für ihn getan. Ich war ungeduldig, eine brennende Fackel. Bereit, die Welt in Brand zu setzen.
Dann kam der Tag, an dem diese Frau auftauchte. Sie war eine von den vielen Bittstellerinnen. Wir waren gerade im Begriff zu gehen. ER antwortete ihr einsilbig. Eigentlich schon schroff. Ich fand, sie sollte uns in Ruhe lassen, ER hatte seinen Standpunkt deutlich gemacht. Wir waren müde und wollten endlich etwas essen. Aber sie war hartnäckig. Sie weckte meinen Zorn. Sie stahl IHN uns. Schon eine Viertelstunde sprachen sie miteinander. Es ging um eine politische Frage. Plötzlich hörte ich, wie ER ihr recht gab. Noch jetzt spüre ich die Erschütterung, ich weiß noch, wie ich dachte: Wenn eine einfache Frau es so leicht schafft, IHN zu widerlegen – wie viel von dem, was ER sagt, gilt dann überhaupt? Wie beliebig sind seine Worte?
An diesem Abend war ich sehr still.
Ich begann, ihn mit Abstand zu betrachten. Auf einmal fielen mir die Ungereimtheiten auf. Es gab Momente, da widersprach ER sich selbst.
Plötzlich war von Schwertern die Rede, wo Frieden sein sollte.
Manchmal war ER herrisch und verschlossen. ER maßte sich Dinge an, die ihm nicht zustanden, fand ich.
Als ich mir das eingestand, weinte ich.
Das war die Zeit, als ich ihn zu drängen begann.
Er sollte sein wahres Gesicht zeigen.

Hast du vergessen, fragte ich, du wolltest eine neue Welt erschaffen.
Ich musste ihn erinnern, wozu ER da war:
Ich bin der Weg. Ich bin das Licht. Ich bin das Brot. Ich bin die Tür.
Zeig es.
Ich begann, mehr und mehr zu zweifeln:
Wer ist ER wirklich?
Hatte ich mich getäuscht?
In IHM, in euch? Hatte ich mich in uns getäuscht?
Ich konnte diese Gedanken kaum ertragen.
Immer häufiger kamen mir die Gesetze meiner Kindheit in den Sinn. Ich sehnte mich nach der Schönheit ihrer Ordnung. Da war es wieder, das Netz. Musste etwas, an dem über Jahrhunderte geknüpft wurde, nicht wahr sein?
In den Nächten lag ich wach. Bitte, betete ich, sei der, für den ich dich halte.
Kurz bevor der Frühling kam, lud Vater mich zum Essen ein. Es war das erste Mal seit Langem, dass wir Zeit zu zweit verbrachten. Als ich die vertrauten Gerüche roch und die Möbel unverrückt an ihren Stellen fand, bekam ich Heimweh. Wollte ich das wirklich alles verlassen?
Vater wollte wissen, worauf ich meine Hoffnung baue und mir fehlten die Worte.
Es zerriss mich.
Plötzlich hatte ich eine so wilde Sehnsucht danach, beide Seiten miteinander zu versöhnen. Das Alte und das Neue. Die Tradition und die Träume.

Du sollst Gott lieb haben von ganzem Herzen, sagte Vater. Was daran nicht mehr stimmte?

Alles stimmt, sagte ich, alles und noch viel mehr, und ich erinnerte mich an das goldene Licht jenes ersten Frühlingstages und fragte mich, wo es hin war.

Ahntet ihr meinen Zweifel?

Ich glaube nicht. Ihr wart so sehr mit euch selbst beschäftigt.

Aber ER ahnte ihn. ER erkannte mich.

Was du tun musst, das tu bald, mein Freund, flüsterte ER, und in diesem Moment liebte ich ihn mehr als alles auf der Welt. Ihr hattet es gehört, aber nichts verstanden. Ihr nahmt an, es ginge um Besorgungen, die noch zu erledigen waren.

Ich habe ihn nicht verraten.

Ich wollte nachhelfen. Ich wollte ein reinigendes Gewitter. Ich wollte, dass er offenbart, wer ER ist. Seine Gegner sollten erkennen, was für ein Mensch ER war. Gesandt, um aufzuräumen. Um eine neue Welt zu bauen. Ich hoffte, er würde zeigen, dass GOTT an seiner Seite ist. Nicht im Traum rechnete ich damit, dass sie genau das fürchteten.

Noch als er am Kreuz hing, hoffte ich auf das Wunder.

Dann schrie ER: Mein Gott, warum hast du mich verlassen!

Da zerbrach etwas in mir.

Er starb und die Welt blieb.

Ich hatte mich getäuscht.

Nicht in IHM. In meinem Bild.

Strohhalm. Judas

Für dieses Bild habe ich ihn geopfert.
Ich wollte ihn festnageln.

Ich kann mir nicht vergeben.

Alles was ich habe, ist ein Strohhalm, an den ich mich klammere.
ER reicht ihn mir:
Liebt eure Feinde.

Mein allergrößter Feind bin ich.

NACH MARKUS 14

Während sie zu Tisch lagen und aßen,
sagte Jesus: Einer von euch wird mich ausliefern –
einer, der jetzt mit mir isst.
Bestürzt fragten sie, einer nach dem anderen:
Bin ich's?
Jesus sagte zu ihm: Was du tust, das tue bald!
Niemand der anderen verstand.
Es wurde Nacht. Draußen war ein Garten,
in den gingen sie. Jesus fing an zu zittern und
sprach zu ihnen: Meine Seele ist betrübt bis
an den Tod.
Und während er noch redete, näherte sich Judas
zusammen mit Männern, sie trugen Schwerter
und Holzknüppel.
Judas ging auf Jesus zu. Rabbi!, sagte er
und küsste er ihn.
Mein Freund, sagte Jesus, deshalb bist du
gekommen.
Da traten die Männer heran und nahmen ihn fest.

AUS MATTHÄUS 26,
MARKUS 14 UND JOHANNES 13+18

Fesseln. Simson und Delilah

Wenn man ihn sieht, denkt man an Holzkohlefeuer und Julinächte. Ich weiß nicht, wie ich auf Julinächte komme. Er ist rau, wild und stark. Im Sommer trägt er Muskelshirts. Natürlich geht das gar nicht. Kein Mann, der auch nur ein bisschen Grips im Kopf hat, traut sich, ein Muskelshirt anzuziehen. Höchstens ironisch. Aber Ironie ist nicht sein Ding. Ich würde sagen, er ist nicht unbedingt die hellste Sonne in Gottes Garten. Trotzdem willst du seine Arme anfassen. Das ist ein Klischee, aber du bist selber eins, wenn du behauptest, sowas lässt dich kalt. Er heißt Sam. Das ist nicht sein richtiger Name, aber er passt zu ihm. Dass Sam ungebunden ist, brauche ich nicht zu erwähnen, oder? Natürlich hat er Frauen. Meistens sind es solche, über die sich gut lästern lässt. Nur ändert das nichts am Neid, der an dir knabbert. Der lacht über die Lästerei und weiß: Du bist ertappt.

Aber ich will ja von Sam erzählen. Sam könnte einen Löwen zerreißen. Mit bloßen Händen. So kannst du ihn dir vorstellen. Seine Haare sind lang. Die Zeit ist vorbei, wo man das so trug, trotzdem bringt er es nicht über sich, sie abzuschneiden. Das ist sein kleiner Aberglaube. Als würde er mit den Haaren seine Männlichkeit beschneiden. Irgendwie ist das auch wieder süß. Jeder Mann hat eine weiche Seite, hier hast du seine.

Er tändelte mit verschiedenen Frauen rum. Keiner hat so richtig durchgeblickt, mit welcher er gerade zusammen war. Eine war unpassender als die andere. Ihn kümmerte das nicht. Manchmal hatte ich sogar den Eindruck, dass er sich mit voller Absicht Frauen aussuchte, die alle anderen als Affront betrachteten. Als habe er keine Lust, das Spiel mitzuspielen. Einmal hatte er was mit einer Hure. Nichts gegen Huren, aber das konnte nicht sein Ernst sein, oder?

Dann kam Delilah. Sie unterschied sich von all den vorherigen Frauen. Nicht auf den ersten Blick. Als ich sie traf, trug sie einen Leopardenmini. Wir ließen den Nachmittag mit Wodka-Lemon ausklingen, als sie sich an die Bar stellte. Ich machte ein Paar Sprüche über ihren Rock und die Jungs lachten an den richtigen Stellen. Aber ich sah ihre Blicke, die sagten was anderes. Ich würde mich nie trauen, so einen Rock zu tragen. Hinter so einem Rock kannst du dich nicht verstecken. Du kannst kein Kompliment entgegennehmen und so tun, als wüsstest du nicht, worum es geht: O, der Rock? Ach der, ist schon ein paar Jahre alt. Nein. So ein Rock sagt: Hier bin ich. Und da war sie. Alles an ihr war hoch zwei. Allein schon ihr Name, über den man immer stolperte, wenn man ihn zu schnell aussprach. An ihr war nichts zurückhaltend. Sam verknallte sich sofort in sie. Und sie sich in ihn.

Das Verrückte war: Auf einmal wollten alle Sam beschützen. Wir warnten ihn, nicht auf so eine Frau reinzufallen. Dabei war Sam ja nun wirklich kein Kind von Unschuld. Aber das spielte keine Rolle mehr.

Ich spürte einen Stich, vielleicht weil ich so ziemlich das Gegenteil von Delilah war. Die beiden turtelten, was das Zeug hielt. Alle waren sich einig, dass er völlig verblendet war. Die beiden scherte das einen Dreck. Es schien ihnen komplett egal zu sein, was über sie geredet wurde. Es hieß, der Sex zwischen den beiden solle sagenhaft sein. Was auch sonst? Die einen redeten von Fesselspielen, die anderen meinten, es sei im Gegenteil ungeheuer romantisch, weil Sam zum ersten Mal wirklich verliebt sei. Ich vermute, jeder projizierte die eigene Sehnsucht in die beiden.

Alles zwischen ihnen war intensiv. Delilah wollte ihn ganz. Sie wollte nicht nur Sex, sonders alles andere auch. Sie versuchte, ihn zu binden, das konnte ein Blinder sehen. Und tatsächlich schien Sam zum ersten Mal nicht abgeneigt zu sein. Für mich war das der eindeutige Beweis, dass es Liebe war. Manche sagten, er sei ihr einfach hörig, aber das ist Quatsch. Sam konnte jede Frau haben, er hatte davon bisher ja auch ausreichend Gebrauch gemacht. Und es gab mehr von der Sorte Leopardenrock. Nein, ich glaube, sie hat etwas in ihm berührt, das ihm selber fremd war. Er wurde schwach bei ihr.

Die Muskelshirts verschwanden. Ich sah ihn seltener mit seinen Jungs, und wenn, dann war Delilah auch dabei. Er hatte nur Augen für sie, aus dem Löwenbändiger wurde ein knuffiges Kaninchen. Vor allem wollte Delilah, dass er endlich seine Haare abschnitt. Erst zog sie ihn mit seiner Mähne nur ein bisschen auf. Wir lachten darüber, weil es ja wirklich Achtziger war. Aber sie ließ nicht locker. Ich glaube, sie hatte ein bestimmtes Bild von ihm im Kopf. Sie wollte zähmen, was sie liebte. Eines Abends zogen wir mit zwei Flaschen Smirnoff durch die Straßen, es war spät. Sam war nicht dabei. Er trank nie. Das war sein Gelübde. Ich glaube, es war ihm wichtig, nicht die Kontrolle zu verlieren. Wir alberten rum, und irgendwann schlug die Stimmung um. Wie immer in solchen Nächten. Delilah setzte sich auf eine Mauer, die Stadt lag verschlafen unter uns. „Wie kann ich ihn an mich binden?“, fragte sie. Die Worte klangen unscharf. Ich wunderte mich über die Frage, andererseits wusste ich, wie Sam war. Niemandem untertan. Also sagte ich: „Mit Sehnsucht.“ Delilah schüttelte den Kopf. „Er reißt sich immer wieder los.“ Sie trank einen

Schluck Wodka. „Ich habe ihn gefragt. ‚Baby', hat er gesagt. ‚Alles an dir fesselt mich. Ich will bei dir sein.' Aber das stimmt nicht. Ich merke, dass es nicht stimmt." Ihre Stimme wurde schriller, und sie begann zu weinen. Jemand legte den Arm um sie, aber sie schien es gar nicht zu bemerken. „Wie kann er behaupten, dass er mich liebt? In Wahrheit gehört sein Herz mir gar nicht!" Am nächsten Morgen wachte ich mit Kopfschmerzen auf. Trotzdem war ich froh, in meiner Haut zu stecken.

Nach jener Nacht hörte ich eine ganze Weile nichts von den beiden. Ich begann eine neue Stelle und brauchte Zeit, um zu verstehen, wie die Kollegen ticken. Dann flog ich für zwei Wochen nach Korfu, und als ich blond und satt von Honigjoghurt wiederkam, war Delilah weg und Sams Haare waren es auch. Sie hatte ihm so lange in den Ohren gelegen, bis er nachgab. Angeblich hat Delilah sie selbst abgeschnitten. In meinem Kopf reckte sie als nackte Amazone seinen Zopf wie eine Trophäe in die Höhe. Ich versuchte, das Bild zu verscheuchen. Irgendetwas daran machte mich traurig. Sie hatte bekommen, was sie wollte, aber die Liebe hatte sie verloren. Am Ende war nichts mehr übrig. Er hatte alles gegeben. Sams Haare wuchsen wieder, und doch hatte auch er etwas verloren, das nie mehr zurückkehrte. Ich glaube, zusammen hätten beiden größer sein können, stärker. Aber sie wollten nicht zusammen sein, sondern einander besiegen.

NACH RICHTER 16

Ich schlief, aber mein Herz war wach.
Horch, mein Liebster klopft:
Mach auf, mein Schatz,
öffne doch, ich will hinein
Ich will zu dir, du Makellose!
Mein Haar ist nass vom Tau,
voll Tropfen der Nacht.
Er steckt seine Hand
durch die Öffnung,
meine Eingeweide beben ihm entgegen.
Ich springe auf,
Öffne ihm,
meine Hände sind feucht von fließender Myrrhe,
als ich sie lege an die Griffe des Riegels.

HOHESLIED 5

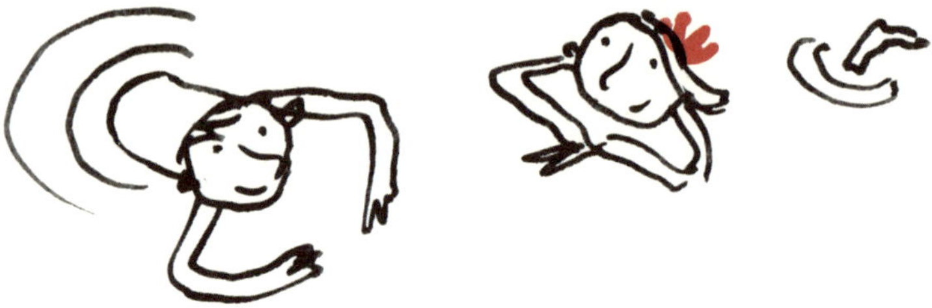

Alles offen. Jesus und Maria

Sie ist unabhängig. Eben wie man das landläufig so meint: Unverheiratet, mit einem Konto ausgestattet, das sie selber füllt. Eine Bohrmaschine hat sie auch (nutzt sie aber ungern. Wegen des Lärms. Und so viele Löcher braucht man gar nicht im Leben).
Er liebt sie. Mehr als die anderen.
Aber ein Paar sind sie nicht.
Sie haben nie zusammen geschlafen. Obwohl es Momente gab, in denen es folgerichtig hätte sein können. Als sie am See saßen und die anderen längst gegangen waren.

Sie redeten, während der Mond seine Runde drehte, bis er hinter den Kiefern verschwand.
Ich liebe es, sagt sie, wie du meine Geister vertreibst, durch die Nacht mit mir gehst.
Im ersten Licht des Morgens sind sie geschwommen, vielleicht waren sie nackt, sie hat es vergessen.
Später saßen sie zusammen in einem Boot, Schulter an Schulter. Es war eng und nicht unangenehm.
Ich liebe es, sagt er, dass du mich berührst.
Er mag ihre Nähe, die immer etwas Waches hat. Sie lässt sich nicht fallen. Er hat nie das Gefühl, der Stärkere sein zu müssen. Sie lehnen aneinander, mit den Füßen auf der Erde.
Das Boot schaukelte, sie genossen die Wärme ihrer nackten Haut, Bein und Arm. Sie genossen einander, ohne etwas zu wollen. Falls sie es doch taten, behielten sie es für sich, um das andere nicht zu stören, das leicht war und ihnen Flügel gab. Sie lernten, dass man nicht alles mitnehmen muss, was sich anbietet.
Manchmal findet sie ihn schön. Seine Augen würde sie unter allen Augen erkennen. Auch seinen Körper. Er ist glatt, wie Marmor. Aber das sagt sie ihm nicht.
Deine Füße liebe ich, sagt sie, deinen Kopf liebe ich auch.
Er mag ihre Schultern. Sie sind ziemlich muskulös. Sie ist keine Sportlerin, sie gehört nicht zu den Frauen, die diszipliniert und geplant vorgehen. Aber sie bewegt sich gern und er genießt es, ihr dabei zuzusehen.
Ich liebe es, sagt sie, wie du mich ansiehst.
Nie habe ich das Gefühl, ich müsste mich verstecken.

Ich liebe es, sagt er, wie du einen Raum betrittst und die Blicke nicht wägst. Wie du dein Ding machst ohne Furcht.
Ihr Lachen macht sie zu Verschworenen.
Wenn sie reden, dann reden sie nicht nur mit dem Kopf, sondern mit allem.
Manchmal räkelt er sich wie eine große, schwere Raubkatze, wenn er einen Gedanken verfolgt. Sie fürchtet nichts an ihm. Obwohl er scharf sein kann, sogar verletzend. Bei ihr ist er es nicht. Sie weiß nicht, warum. Dabei kann sie selber auch scharf sein. Und schroff. Er sieht es ihr nach. Sie brauchen nicht miteinander zu kämpfen. Es gibt nicht zu behaupten und nichts zu gewinnen. Sie kennen einander zu gut.
Ich liebe es, sagt sie, dass du mich sein lässt, wie ich bin. Das verwandelt mich.
Es heißt, dass sie viele Männer hatte. Viel ist eine schwammige Zahl. Sie liebt Worte mehr als Zahlen. Aber gegen Sex hat sie nichts einzuwenden.
So ein Satz kann gegen sie verwendet werden.
Es heißt, dass sie versucht hat, ihn zu verführen. Er aber nicht wollte. Er konnte ihr widerstehen. Ihr, der Versuchung.
Obwohl es andererseits auch nicht schlimm gewesen wäre, wenn er nicht widerstanden hätte: Sex macht Männern zu echten Männern und Frauen zu fragwürdigen Frauen. Für alleinstehende Frauen wie sie ist das ein Dilemma: Zu viel Sex ist schlecht, kein Sex aber auch. Eine Frau ohne Mann, ohne Kinder muss unglücklich

sein. Wenn sie nicht unglücklich ist, dann stimmt etwas nicht mit ihr.
Sie weiß, dass die Leute so denken. Er weiß es auch. Aber es spielt keine Rolle.
Ich liebe deine heilige Furchtlosigkeit, sagt sie. Dass du dich nicht sorgst, was die Leute reden. Manchmal sind ihre Worte wie Küsse. Sie schmecken salzig und süß. Wie Honig-Erdnüsse, denkt sie. Er denkt an Krebsfleisch. Sie essen oft zusammen. Ungeplant, Zufallsessen auf eine beiläufige, verschwenderische Art. Er brät ein Ei und sie öffnet eine Flasche Wein. Dabei reden sie weiter, kauen die Worten oder lassen sie auf der Zunge zergehen.
Ich liebe es, sagt er, dass du eine Verschwenderin bist. Du rechnest nicht. Du wärst so eine schlechte Buchhalterin.
Selber, denkt sie und lächelt in sich hinein.
Sie zeigen einander viel. Er lernt ihre Dämonen kennen und hält ihnen stand. Zum ersten Mal hat sie das Gefühl, sie nicht verteidigen zu müssen. Er würde nichts gegen sie verwenden. Dafür bleiben sie sich fern genug, sie müssen einander nichts heimzahlen.
Sie ahnt etwas von seinem Schmerz. Obwohl er ihn nie zur Schau stellt. Auch von seiner Wut. Wie ein Sommergewitter bricht sie manchmal herein, unerwartet und heftig. Aber sie fürchtet sich nicht vor Gewittern.
Ich liebe es, sagt er, dass du mich nicht festnagelst.
Ich liebe es, sagt sie, dass du dich mir zeigst.
Ich liebe dich, sagen sie und lassen alles offen.

Alles offen. Jesus und Maria

Dies ist also jene Maria Magdalena, der der Herr so große Wohltaten erwies und so viele Beweise seiner Zuneigung zeigte. Denn er trieb sieben Dämonen von ihr aus, in seiner Liebe entflammte er sie vollständig, er bestimmte sie zu seiner innigsten Vertrauten, machte sie zu seiner Gastgeberin und wollte, dass sie ihn auf seinem Weg versorge und verteidigte sie immer gütig. Denn er verteidigte sie vor dem Pharisäer, der sie unrein nannte, und vor ihrer Schwester, die sie als faul bezeichnete, auch vor Judas, der sie verschwenderisch nannte. Als er sie weinen sah, konnte er seine Tränen nicht zurückhalten. Maria ist, sage ich, die Frau, die beim Leiden des Herrn nahe beim Kreuz stand, die nicht wegging vom Grabmal wie die Jünger die weggingen, der der auferstandene Christus zuerst erschien und sie zur Apostelin der Apostel machte.

AUS DER LEGENDA AUREA
DES BISCHOFS JACOBUS DE VORAGINE
(um 1264)

Brennen. Zwei Freunde

Am 17. April haben sie unseren Freund getötet.
Das ist jetzt 1990 Jahre her.
Ich weiß, was Sie sagen wollen: Dann ist es ja nicht mehr so schlimm. Das Leben geht weiter.
Aber so einfach ist es nicht. Er war ein besonderer Freund.
Man versteht das schwer, wenn man nicht dabei war.
Wir sind durchs Zimmer getigert, bis wir es nicht mehr ausgehalten haben. Du denkst immer dasselbe. Repeat hoch unendlich.
Alle Worte schrumpfen auf eins: Warum?

Weil Gott das so wollte, sagten die, die uns trösten wollten. Aber einen schlechteren Trost gibt es gar nicht. Gott kannst du nicht anklagen, weil es keinen Richter gibt, der den Fall aufnehmen würde. Ich hätte alles kurz und klein schlagen können bei so einem Gott.

Der Himmel war blau. Das war noch so eine Unverschämtheit. Du denkst, die Erde müsste beben, aber dann singen die Amseln wie immer und für den Abend ist eine leichte Brise angesagt. Kein Sturm. Und du willst schreien: Habt ihr denn gar nichts mitgekriegt?

„Los“, habe ich gesagt. „Wir packen ein paar Sachen und hauen ab.“ Dann habe ich zwei T-Shirts und ein Buch in den Rucksack gestopft und eine Packung Mon Chéri. Die lag schon ewig im Regal und mehr war nicht da. Wir sind die Straße runter, Richtung „weg“. Nach zwei Kilometern hatte ich eine Blase am linken Zeh, weil Sneakers eine blöde Wahl waren, aber das Gehen tat trotzdem gut. Trotz des Schmerzes. Vielleicht auch wegen des Schmerzes, weil ich so mehr Fuß als Herz gespürt habe.

Wir haben die ganze Zeit geredet und nichts kapiert. Alles fühlte sich falsch an. Ich war schon wieder wütend, weil ich mir alles ganz anders vorgestellt hatte. Wir waren zusammen wütend, und das ist besser als allein wütend zu sein. Allein wütend zu sein ist nämlich die einsamste Sache der Welt. Wir kickten Steine vor uns her und ich schlug mit einem Stock gegen einen Baum, bis er brach. Der Stock, nicht der Baum. Dann redeten wir wieder. Dann waren wir erschöpft vom Reden und ich dachte: Gut, dass wir zusammen erschöpft sind.

Genau in dem Moment, in dem ich den Mund hielt, fragte jemand: „Wovon redet ihr da?“
Wir drehten uns um. Ein Fremder stand hinter uns. Keine Ahnung, wann er uns eingeholt hatte oder ob er uns schon länger gefolgt war.
Ob er denn nichts mitbekommen habe, fragte ich eine Spur zu aggressiv. Man denkt, die Welt müsse stillstehen, und dann ist es doch nur die eigene Tragödie. Also haben wir alles nochmal erzählt. Von Anfang an. Aber es klang anders. Wenn man eine Geschichte jemand anderem erzählt, verwandelt sich die Geschichte. Oder verwandelt man sich selbst?
Wir redeten und hörten uns selbst zu und das tat gut.
„Erstens“, sagte ich, „hatte er uns eine andere Welt versprochen. Zweitens: Guck dir die Welt an. Drittens: Nichts ist anders.“
„Und ihr“, fragte der Fremde, „seid ihr anders?“
Darauf fiel mir erstmal nichts ein. Aber die Frage gefiel mir.
Ich schlug vor, eine Pause zu machen. Wir hockten uns auf ein paar Steine und ich holte die Packung mit den Mon Chéri raus. Wir hatten auch noch zwei Flaschen Bier. Der Fremde sagte: „Ich geh dann mal weiter“, weil er höflich sein wollte. Natürlich ließen wir ihn nicht. Er war jetzt auch gar nicht mehr fremd. „Bleib hier“, sagte ich und er blieb.
Ich öffnete das Bier und er prokelte an der Pralinenschachtel rum. Dann gab er jedem so ein Kirschdings und plötzlich machte es Klick: Ich schnappte nach Luft,

weil ich ihn erkannte. Hundertprozentig erkannte ich ihn, nicht wegen der Pralinen, die Dinger mag kein Mensch, aber wie er sie uns gab, war ein Déjà-vu. Wir guckten uns an und unser Blick sagte, dass wir das Gleiche sehen. Wie das sein kann?

Schon im nächsten Moment verschwand das Bild, aber ich schwöre: Wir haben ihn erkannt. Als er redete, klopfte unser Herz laut und wild, aber kapiert haben wir es erst nach den Worten. Jenseits der Worte.

Seitdem ist er da. Wir teilen Brot und Pommes mit ihm. In der Kneipe sitzt er neben uns. Wir hören seine Stimme. Wie er die Sachen sagt. Wir sehen seine Wunden. Sie schließen sich nie. Aber er scheint es verschmerzt zu haben. Anfangs tauchte er oft auf. Mit der Zeit wurde es seltener. Aber das ist in Ordnung. Wir brauchen es nicht mehr so dringend. Er ist auch so da, und das meine ich nicht metaphorisch, sondern in echt. Er ist da, weil unser Herz brennt.

NACH LUKAS 24

Wenn du wissen willst,
wie alles das geschehen kann,
dann frage die Gnade, nicht die Wissenschaft,
die Sehnsucht, nicht den Verstand,
das Beten, nicht die Bücher,
den Geliebten, nicht den Lehrer,
Gott, nicht den Menschen.
Frage nicht das Licht, frage das Feuer,
das dich entflammt.

BONAVENTURA

QUELLEN

Die Bibelstellen wurden von der Autorin frei übertragen unter Verwendung der vorhandenen Übersetzungen auf bibleserver.de, Bibel in Gerechter Sprache und der Basisbibel.

S.12 In epistulam Iohannis ad Parthos tractatus 7,8, http://www.augustinus.it/latino/commento_lsg/index2.htm

S. 42–43 Briefe X.96 epistula X/96

S. 57 Midrasch Traktat Megilla 13a.b

S. 63–64 Kurt Marti, Tiere predigen dem heiligen Franz, © Wallstein Verlag 2021.

S. 80–81 http://islam.de/1403.phpw

S. 87 Die innere Burg, S. 62

S. 102 Cons. II,III,6. Opera III,414,12-14; PL 182,745 C

S. 133 Quelle: Weiß, Weltgeschichte, VIII. 466.

Bibliografische Information der Deutschen Nationalbibliothek:
Die Deutsche Nationalbibliothek verzeichnet diese Publikation in der Deutschen Nationalbibliografie; detaillierte bibliografische Daten sind im Internet über http://dnb.d-nb.de abrufbar.

Printed in Germany

Das Buch wurde auf alterungsbeständigem Papier gedruckt.

Illustrationen: Ariane Camus
Gestaltung und Satz: Ellina Hartlaub (Cover) und Kerstin Ruhl (Inhalt), Gemeinschaftswerk der Evangelischen Publizistik (GEP) gGmbH · Frankfurt am Main
Druck und Bindung: Beltz Grafische Betriebe GmbH, Bad Langensalza

ISBN 978-3-96038-254-6
eISBN (PDF) 978-3-96038-266-9 // eISBN (EPUB) 978-3-96038-267-6
www.eva-leipzig.de